应用型本科院校"十二五"规划教材/经济管理类

Exercise Set of Intermediate Financial Accounting

中级财务会计习题集

主　编　苏善江　王春燕
副主编　蔡渊渊

 哈尔滨工业大学出版社
HARBIN INSTITUTE OF TECHNOLOGY PRESS

内容简介

本书是与《中级财务会计》教材配套的习题集,根据中级财务会计理论课程的内容分章节编写。习题难易适中、体例实用、内容全面、针对性强,适合同学们在理论知识学习后巩固所学的内容,切实消化所学知识,充分利用此书对同学们会有好的效果。

图书在版编目(CIP)数据

中级财务会计习题集/苏善江,王春燕主编. —哈尔滨:哈尔滨工业大学出版社,2013.1(2015.2.重印)

应用型本科院校"十二五"规划教材

ISBN 978-7-5603-3977-1

Ⅰ.①中… Ⅱ.①苏… ②王… Ⅲ.①财务会计-高等学校-习题集 Ⅳ.①F234.4-44

中国版本图书馆 CIP 数据核字(2013)第 018395 号

策划编辑	杜 燕 赵文斌
责任编辑	赵文斌 常 雨
出版发行	哈尔滨工业大学出版社
社 址	哈尔滨市南岗区复华四道街 10 号 邮编 150006
传 真	0451-86414749
网 址	http://hitpress.hit.edu.cn
印 刷	黑龙江省党校印刷厂
开 本	787mm×960mm 1/16 印张 9.75 字数 212 千字
版 次	2013 年 1 月第 1 版 2015 年 2 月第 3 次印刷
书 号	ISBN 978-7-5603-3977-1
定 价	20.00 元

(如因印装质量问题影响阅读,我社负责调换)

《应用型本科院校"十二五"规划教材》编委会

主　任　　修朋月　竺培国
副主任　　王玉文　吕其诚　线恒录　李敬来
委　员　　（按姓氏笔画排序）
　　　　　　丁福庆　于长福　马志民　王庄严　王建华
　　　　　　王德章　刘金祺　刘宝华　刘通学　刘福荣
　　　　　　关晓冬　李云波　杨玉顺　吴知丰　张幸刚
　　　　　　陈江波　林　艳　林文华　周方圆　姜思政
　　　　　　庹　莉　韩毓洁　臧玉英

序

哈尔滨工业大学出版社策划的《应用型本科院校"十二五"规划教材》即将付梓,诚可贺也。

该系列教材卷帙浩繁,凡百余种,涉及众多学科门类,定位准确,内容新颖,体系完整,实用性强,突出实践能力培养。不仅便于教师教学和学生学习,而且满足就业市场对应用型人才的迫切需求。

应用型本科院校的人才培养目标是面对现代社会生产、建设、管理、服务等一线岗位,培养能直接从事实际工作、解决具体问题、维持工作有效运行的高等应用型人才。应用型本科与研究型本科和高职高专院校在人才培养上有着明显的区别,其培养的人才特征是:①就业导向与社会需求高度吻合;②扎实的理论基础和过硬的实践能力紧密结合;③具备良好的人文素质和科学技术素质;④富于面对职业应用的创新精神。因此,应用型本科院校只有着力培养"进入角色快、业务水平高、动手能力强、综合素质好"的人才,才能在激烈的就业市场竞争中站稳脚跟。

目前国内应用型本科院校所采用的教材往往只是对理论性较强的本科院校教材的简单删减,针对性、应用性不够突出,因材施教的目的难以达到。因此亟须既有一定的理论深度又注重实践能力培养的系列教材,以满足应用型本科院校教学目标、培养方向和办学特色的需要。

哈尔滨工业大学出版社出版的《应用型本科院校"十二五"规划教材》,在选题设计思路上认真贯彻教育部关于培养适应地方、区域经济和社会发展需要的"本科应用型高级专门人才"精神,根据黑龙江省委书记吉炳轩同志提出的关于加强应用型本科院校建设的意见,在应用型本科试点院校成功经验总结的基础上,特邀请黑龙江省9所知名的应用型本科院校的专家、学者联合编写。

本系列教材突出与办学定位、教学目标的一致性和适应性,既严格遵照学科体系的知识构成和教材编写的一般规律，又针对应用型本科人才培养目标及与之相适应的教学特点，精心设计写作体例，科学安排知识内容，围绕应用讲授理论，做到"基础知识够用、实践技能实用、专业理论管用"。同时注意适当融入新理论、新技术、新工艺、新成果，并且制作了与本书配套的PPT多媒体教学课件，形成立体化教材，供教师参考使用。

《应用型本科院校"十二五"规划教材》的编辑出版，是适应"科教兴国"战略对复合型、应用型人才的需求，是推动相对滞后的应用型本科院校教材建设的一种有益尝试，在应用型创新人才培养方面是一件具有开创意义的工作，为应用型人才的培养提供了及时、可靠、坚实的保证。

希望本系列教材在使用过程中，通过编者、作者和读者的共同努力，厚积薄发、推陈出新、细上加细、精益求精，不断丰富、不断完善、不断创新，力争成为同类教材中的精品。

黑龙江省教育厅厅长

前　言

随着市场经济的发展和企业管理水平的不断提高，社会对会计人员需求越来越大，对会计从业人员的业务素质、业务能力和业务水平的要求也越来越高。现代企业对效率的追求，要求会计人员一上岗便能独立工作，这使得具备一定职业判断和动手能力的中、高级会计人员成为备受企业欢迎的人才。因此，扎实的专业基础就显得特别必要。

本书是与《中级财务会计》教材配套的习题集，根据中级财务会计理论课程的内容分章节编写。

本书由苏善江和王春燕任主编，蔡渊渊任副主编，苏善江负责全书的统筹，并且进行了修改和定稿。编写分工如下：第一章、第二章及第十章由蔡渊渊编写；第三至五章由王春燕编写；第六至第九章由苏善江编写；第十一章由王欢编写；第十二章由陈夺编写；第十三章由卢晶编写；第十四章由金美英编写。

全书主要由哈尔滨剑桥学院和哈尔滨远东理工学院合作完成。在此感谢哈尔滨剑桥学院和哈尔滨远东理工学院院领导和老师的大力支持和帮助。由于编者水平有限，加之编写时间仓促，书中难免存在疏漏之处，恳请读者批评指正。

编　者
2012 年 12 月

目 录

第一章　总论 …………………………………………………………………… 1
第二章　货币资金 ……………………………………………………………… 5
第三章　应收款项 ……………………………………………………………… 10
第四章　存　货 ………………………………………………………………… 14
第五章　金融资产及长期股权投资 …………………………………………… 25
第六章　固定资产 ……………………………………………………………… 32
第七章　无形资产 ……………………………………………………………… 37
第八章　投资性房地产 ………………………………………………………… 43
第九章　资产减值 ……………………………………………………………… 47
第十章　负　债 ………………………………………………………………… 51
第十一章　所有者权益 ………………………………………………………… 58
第十二章　费　用 ……………………………………………………………… 64
第十三章　收入、利润 ………………………………………………………… 70
第十四章　财务报告 …………………………………………………………… 77
参考答案 ………………………………………………………………………… 84

第一章 Chapter 1

总论

一、单选题

1. 我国财务报告的主要目标是(　　)。
   A. 向财务报告使用者提供决策有用的信息
   B. 向财务报告使用者建议投资的方向
   C. 向财务报告使用者明示企业风险程度
   D. 向财务报告使用者建议提高报酬的途径

2. 确立会计核算空间范围所依据的会计核算基本前提是(　　)。
   A. 会计主体　　　　B. 会计分期　　　　C. 持续经营　　　　D. 货币计量

3. 会计信息要有用,就必须满足一定的质量要求。比如,企业应当以实际发生的交易或者事项为依据进行确认、计量和报告,体现会计信息质量要求的是(　　)。
   A. 可靠性　　　　　　　　　　B. 相关性
   C. 可比性　　　　　　　　　　D. 重要性

4. 企业对交易或者事项进行会计确认、计量和报告应当保持应有的谨慎,不应高估资产或者收益、低估负债或者费用,所反映的是会计信息质量要求中的(　　)。
   A. 重要性　　　　　　　　　　B. 实质重于形式
   C. 谨慎性　　　　　　　　　　D. 及时性

5. 资产和负债按照在公平交易中,熟悉情况的交易双方自愿进行资产交换或者债务清偿的金额计量,所指的计量属性是(　　)。
   A. 历史成本　　　　　　　　　B. 可变现净值
   C. 现值　　　　　　　　　　　D. 公允价值

6. 企业将融资租入的固定资产作为自有固定资产管理,体现了会计信息质量要求中的( )。
   A. 可比性   B. 及时性
   C. 实质重于形式   D. 谨慎性
7. 下列项目中,能同时使资产和负债发生变化的是( )。
   A. 赊购商品   B. 支付股票股利
   C. 接受捐赠   D. 收回应收账款
8. 下列项目中,属于反映企业财务状况的会计要素是( )。
   A. 资产   B. 收入
   C. 费用   D. 利润
9. 在会计计量中,一般采用的会计计量属性是( )。
   A. 历史成本   B. 重置成本
   C. 公允价值   D. 现值
10. 下列经济业务中,能引起公司股东权益总额变动的是( )。
    A. 盈余公积弥补亏损
    B. 股东大会向投资者宣告分配现金股利
    C. 向投资者分配股票股利
    D. 用资本公积金转增股本
11. 下列项目中,属于利得的是( )。
    A. 销售商品流入经济利益   B. 投资者投入资本
    C. 出租建筑物流入经济利益   D. 出售固定资产流入经济利益
12. 根据资产定义,下列事项中不属于资产特征的是( )。
    A. 资产是由企业过去交易或事项形成的
    B. 资产是企业拥有或控制的经济资源
    C. 资产预期会给企业带来未来经济利益
    D. 资产是可以辨认的
13. 下列项目中,属于费用的是( )。
    A. 对外捐赠支出   B. 企业开办费
    C. 债务重组损失   D. 出售无形资产损失
14. 明确会计反映的特定对象,界定会计核算空间范围的基本假设是( )。
    A. 会计主体   B. 持续经营
    C. 会计分期   D. 货币计量

二、多选题

1. 会计基本假设包括( )。

A. 会计主体 B. 持续经营
C. 会计分期 D. 货币计量
2. 我国财务会计信息质量要求包括(   )。
   A. 可读性 B. 实质重于形式
   C. 相关性 D. 可比性
3. 下列各项中,体现会计核算的谨慎性要求的有(   )。
   A. 将融资租赁的固定资产视作自有资产核算
   B. 采用双倍余额递减法对固定资产计提折旧
   C. 对固定资产计提减值准备
   D. 将长期借款利息予以资本化
4. 资产的特征有(   )。
   A. 资产必须是可辨认的
   B. 资产预期会给企业带来经济利益
   C. 资产应为企业拥有或者控制的资源
   D. 资产是由企业过去的交易或者事项形成的
5. 反映企业财务状况的会计要素包括(   )。
   A. 资产 B. 负债
   C. 所有者权益 D. 收入
6. 下列项目中,属于收入的有(   )。
   A. 出租资产 B. 接受投资者投入
   C. 出售无形资产 D. 提供劳务
7. 下列说法中正确的有(   )。
   A. 不能导致经济利益流入企业的资源不属于资产
   B. 处置无形资产净收益不属于企业收入,而是计入损益的利得
   C. 意外灾害导致的存货净损失不属于企业费用,而是直接计入当期损益的损失
   D. 直接计入所有者权益的经济利益不属于企业收入
8. 下列属于资产负债表中所有者权益项目的有(   )。
   A. 实收资本 B. 资本公积
   C. 本年利润 D. 未分配利润
9. 下列事项中,会引起企业所有者总额发生增减变动的有(   )。
   A. 资本公积转增资本 B. 分配股票股利
   C. 分配现金股利 D. 接受股东投资
10. 下列活动所形成的经济利益流入中,不构成收入的有(   )。
    A. 出售周转材料 B. 转让无形资产使用权

C. 出售固定资产　　　　　　　　D. 出售无形资产

三、判断题

1. 企业的管理当局是财务会计信息的主要使用者。（　　）
2. 会计主体都是法律主体,但是法律主体不一定都是会计主体。（　　）
3. 企业如果将资本性支出作为收益性支出,则会高估资产价值和当期收益。（　　）
4. 根据权责发生制,凡是不属于当期的收入和费用,即使款项已经在当期收付,也不应当作为当期的收入和费用。（　　）
5. 配比原则要求企业在进行会计核算时,收入与其成本、费用应当相互配比,同一会计期间内的各项收入和与其相关的成本、费用应当在该会计期间内确认。（　　）
6. 分配生产工人的职工薪酬会引起资产和负债的同时增加。（　　）
7. 企业的经营性租赁租入的资产,应当作为本企业的资产核算。（　　）
8. 待处理财产损溢属于企业的资产。（　　）
9. 利润反映的是某一时刻的财务状况。（　　）
10. 将融资租赁的固定资产作为企业自有资产核算体现了谨慎性要求。（　　）

四、简答题

1. 什么是会计假设,它包括哪些内容?
2. 简述资产的概念及特征?
3. 会计信息的质量要求有哪些?

第二章

Chapter 2

货币资金

一、单选题

1. 下列项目中,不允许使用现金的是(　　)。
   A. 向个人收购废旧物资　　　　　B. 支付个人劳务报酬
   C. 出差借支差旅费　　　　　　　D. 购置固定资产

2. 企业在现金清查时发现现金溢余,但无法查明原因,报经批准处理后,计入(　　)。
   A. 财务费用　　　　　　　　　　B. 管理费用
   C. 其他业务收入　　　　　　　　D. 营业外收入

3. 企业存放在银行的下列款项中,不属于"其他货币资金"科目核算内容的是(　　)。
   A. 银行本票存款　　　　　　　　B. 信用卡存款
   C. 外埠存款　　　　　　　　　　D. 外币存款

4. 企业在款项结算中持有的下列票据中,应通过"应收票据"科目核算的是(　　)。
   A. 银行汇票　　　　　　　　　　B. 银行本票
   C. 商业汇票　　　　　　　　　　D. 支票

5. 企业销售货物时代购货方垫付的运杂费,在未收回货款之前,应作为(　　)。
   A. 应收账款　　　　　　　　　　B. 预付账款
   C. 其他应收款　　　　　　　　　D. 预提费用

6. 银行汇票的提示付款期限为自出票之日起(　　)。
   A. 1 个月　　　　　　　　　　　B. 2 个月
   C. 3 个月　　　　　　　　　　　D. 6 个月

7. 我国企业会计实务中的货币资金是指(　　)。

A. 现金
B. 现金和银行存款
C. 库存现金和有价证券
D. 库存现金、银行存款和其他货币资金

8. 根据《银行结算办法》的规定,定额银行本票的金额起点为( )。
A. 100 元
B. 500 元
C. 1 000 元
D. 2 000 元

9. 在企业开立的诸多账户中,可以办理提现和发放工资的是( )。
A. 专用存款账户
B. 一般存款账户
C. 临时存款账户
D. 基本存款账户

10. 企业在现金清查时发现现金短缺,但无法查明原因,报经批准处理后,计入( )。
A. 财务费用
B. 管理费用
C. 资产减值损失
D. 营业外支出

11. 根据《银行账户管理办法》的规定,一般企事业单位只能选择一家银行的一个营业机构开立( )个基本存款账户。
A. 2
B. 4
C. 没有限定
D. 1

12. 支票的提示付款期为( )。
A. 3 天
B. 7 天
C. 10 天
D. 15 天

二、多选题

1. 会导致企业银行存款日记账余额大于银行存款的是( )。
A. 企业已经收款入账,银行尚未收款入账的款项
B. 企业已经付款入账,银行尚未付款入账的款项
C. 银行已经收款入账,企业尚未收款入账的款项
D. 银行已经付款入账,企业尚未付款入账的款项

2. 其他货币资金包括( )。
A. 银行存款
B. 外埠存款
C. 备用金
D. 存出投资款

3. 根据现金管理规定,下列各项允许使用现金的是( )。
A. 向个人收购农副产品支付的价款
B. 出差人员随身携带的差旅费
C. 支付给职工的工资及各项福利费用
D. 采购原材料支付的价款

4. 下列说法不正确的是( )。
A. 考虑企业的未来现金收入,签发了一张远期支票
B. 在不影响企业自身业务的情况下,将账户暂时借给他人使用
C. 根据自身业务需要,企业可开立多个基本存款账户
D. 支票必须由指定人员签发,其他人员一律不准签发

5. 付款人向异地收款人支付款项时,可以直接使用"银行存款"的结算方式有( )。

A. 汇兑　　　　　　B. 商业汇票　　　　C. 托收承付　　　　D. 委托收款
6. 根据《银行账户管理办法》,企事业单位的存款账户分为(　　)。
A. 基本存款账户　　B. 一般存款账户　　C. 临时存款账户　　D. 专用存款账户
7. 属于商业汇票适用范围的有(　　)。
A. 先发货后收款的商品交易　　　　B. 先收款后发货的商品交易
C. 钱货两清的商品交易　　　　　　D. 双方约定延期付款的商品交易
8. 下列符合支票结算基本规定的是(　　)。
A. 不得出租出借支票　　　　　　　B. 不得签发空头支票
C. 大小写金额可以不符　　　　　　D. 提示付款期1个月
9. 下列符合支票管理规定的是(　　)。
A. 现金支票既可以提取现金也可以转账
B. 支票金额必须在付款单位的存款余额内
C. 不得出租、出借支票
D. 特殊情况可签发空头支票
10. 下列结算方式中同城结算可采用的方式为(　　)。
A. 商业汇票　　　　B. 银行本票　　　　C. 托收承付　　　　D. 银行承兑汇票

三、判断题

1. 根据现金管理的有关规定,在特殊情况下,企业报经开户银行审批后,可以在银行核定的坐支范围和限额内坐支现金。(　　)
2. 企业银行存款日记账与银行对账单如有不符,唯一的原因是存在未达账项。(　　)
3. 企业可以以其出纳员的名义在银行开立账户,存入单位资金。(　　)
4. 企业开立的一般存款账户,主要用于办理日常转账结算和现金收付。(　　)
5. 现金清查时发现现金溢余,将溢余金额计入"待处理财产损溢"科目,后经进一步核查,无法查明原因,经批准后,冲减当期管理费用。(　　)
6. 企业到外地进行零星或临时采购,汇往采购地银行开立采购专户的款项,应借记"其他货币资金——外埠存款"科目,贷记"银行存款"科目。(　　)
7. 将现金存入银行或从银行提取现金可以编制付款凭证,也可编制收款凭证。(　　)
8. 银行存款余额调节表是用来核对账目的,不能用来作为记账的凭证。(　　)
9. 我国的会计核算以人民币为记账本位币,因此,企业的现金是指库存的人民币现金,不包括外币。(　　)
10. 为便于结算,转账支票也可用于支取现金。(　　)

四、简答题

1. 简述企业允许使用现金的范围。
2. 货币资金内部控制的主要内容有哪些?

3. 现金管理制度的主要内容有哪些?
4. 使用银行本票办理结算应注意的问题有哪些?
5. 使用银行汇票办理结算应注意的问题有哪些?
6. 商业汇票结算方式有何优点?

五、计算题

1. 甲公司 11 月份有关库存现金的经济业务发生如下:

(1)11 月 1 日以现金 1 000 元存入银行。

(2)11 月 3 日拨付总经理办公室备用金 2 000 元(实行定额备用金制度)。

(3)11 月 5 日购买办公用品 500 元,以现金支付。

(4)11 月 7 日用现金预支职工李某差旅费 800 元。

(5)11 月 10 日支付管理部门租用车辆的租金 600 元。

(6)11 月 15 日从银行提取现金 2 000 元备用。

(7)11 月 17 日职工李某报销差旅费 700 元,余款 100 元现金交回。

(8)11 月 18 日销售一批产品,货款 600 元,应交增值税 102 元,收到现金。

(9)11 月 20 日现金清查中发现溢余 50 元,经批准转作营业外收入处理。

(10)11 月 21 日现金清查中发现短缺 100 元,原因待查。

(11)11 月 23 日总经理办公室凭报销单据报销购买办公用品的零星开支 500 元,补付现金。

(12)11 月 25 日办公室处理废旧报纸收入 50 元。

要求:

根据以上经济业务编制会计分录。

2. 甲公司 2012 年 5 月有关银行存款的经济业务发生如下:

(1)5 月 1 日投资者投入货币资金 250 000 元,存入银行。

(2)5 月 2 日以银行存款 200 000 元,归还短期借款。

(3)5 月 3 日收到应收账款 50 000 元存入银行。

(4)5 月 5 日购进一批原材料货款 100 000 元,增值税 17 000 元,材料已经验收入库,开出支票支付货款。

(5)5 月 8 日以银行存款支付本月行政管理部门电费 1 800 元。

(6)5 月 9 日用银行存款上缴企业所得税税金 3 500 元。

(7)5 月 10 日委托银行向外地某公司汇款 1 850 元,偿还前欠货款。

(8)5 月 12 日销售一批商品 50 000 元,应交增值税 8 500 元,商品已发运,并向银行办妥托收手续。

(9)5 月 14 日购买一批原材料 40 000 元,应交增值税 6 800 元,开出一张期限三个月的商业承兑汇票,材料尚未运达。

(10)5月15日销售给本市某公司乙产品一批,计价30 000元,应交增值税5 100元,收到一张转账支票存入银行。

(11)5月18日销售甲产品计价70 000元,增值税11 900元,收到一张银行本票存入银行。

(12)5月20日收到银行转来的付款凭证,增值税专用发票上列明货款10 000元,增值税1 700元。有关单据上列明运杂费500元,经审查无误,当即承付。

(13)5月21日收到银行通知,前已托收的款项58 500元已收回。

(14)5月22日用银行存款支付广告费5 000元。

(15)5月23日从银行提取现金50 000元备发工资。

要求:

根据以上业务,进行必要的计算和账务处理。

3. 甲公司2012年3月31日的工商银行存款日记账余额为256 000元,银行对账单余额为265 000元,经查对有下列未达账项:

(1)企业于月末存入银行的转账支票2 000元,银行尚未入账。

(2)委托银行代收的销货款12 000元,银行已经收到入账,但企业尚未收到银行收款通知。

(3)银行代付本月电话费4 000元,企业尚未收到银行付款通知。

(4)企业于月末开出转账支票3 000元,持票人尚未到银行办理转账手续。

要求:

根据以上材料,编制"银行存款余额调节表",甲公司2012年3月31日可动用的银行存款数额为多少?

4. 甲公司2012年6月有关其他货币资金的业务发生如下:

(1)6月2日企业办理信用卡申领手续,缴存信用卡备用金存款50 000元。

(2)6月5日企业向银行提交"银行汇票委托书",并将200 000元缴存银行,取得银行汇票。

(3)6月6日委托银行将100 000元汇往外地某银行开立临时存款账户。

(4)6月8日向银行申请面值20 000元的银行本票一张,本票已收到。

(5)6月10日用信用卡支付业务招待费4 000元。

(6)6月11日用银行汇票支付前欠货款180 000元。

(7)6月12日采购员从外地用临时存款购买原材料80 000元,增值税13 600元,材料尚在运输途中。

(8)6月15日银行通知,收到银行汇票及临时存款退回的余额。

要求:

根据以上业务,进行必要的计算和账务处理。

第三章
Chapter 3

应收款项

一、单选题

1. 某企业采用备抵法核算坏账,坏账准备按应收账款余额的5‰计提。2001年初,"坏账准备"账户期初借方余额为2 000元,当年末应收账款余额为100万元;2002年发生坏账3 000元,收回以前年度已注销的坏账1 000元。若2002年末应收账款余额为80万元,则当年应计提的坏账准备为( )。
   A. 4 000元　　　　B. 2 000元　　　　C. 1 000元　　　　D. 0

2. 预付账款不多的企业,可以不设"预付账款"科目,而将预付账款记入( )。
   A. "应收账款"科目的借方　　　　B. "应收账款"科目的贷方
   C. "应付账款"科目的借方　　　　D. "应付账款"科目的贷方

3. 2008年4月16日,A企业销售产品一批,价款400万元,增值税68万元,收到期限为6个月的商业承兑汇票一张,年利率为7%,则该票据到期时,A企业收到的票款为( )。
   A. 468万元　　　　B. 484.38万元　　　　C. 400万元　　　　D. 414万元

4. 某企业5月10日将一张面值为10 000元、出票日为4月20日、票面利率6%、期限30天的票据向银行贴现,贴现率为8%,则该票据的贴现息为( )。
   A. 22.22元　　　　B. 22.33元　　　　C. 66.66元　　　　D. 67元

5. 企业应按期计提坏账准备,对于已确认的坏账损失,应借记( )。
   A. 管理费用　　　　B. 财务费用　　　　C. 坏账准备　　　　D. 资产减值损失

6. 某企业年末应收账款余额为500 000元,坏账准备账户借方余额为2 000元,按3‰提取坏账准备,则应计提的坏账准备为( )。
   A. 1 500元　　　　B. 2 000元　　　　C. 500元　　　　D. 3 500元

7. 某企业年末应收账款余额为 500 000 元,坏账准备账户借方余额为 1 000 元,按 5‰提取坏账准备,则应提取的坏账准备为(   )。
   A.1 000 元   B.2 500 元   C.1 500 元   D.3 500 元
8. C 企业 2007 年年末坏账准备借方余额 1 000 元,2008 年 1 月末,应收账款借方余额 68 000元,当月发生坏账损失 1 500 元,按应收账款余额的 2%计提坏账准备,则该企业 1 月末坏账准备的余额为(   )。
   A.借方 2 500 元   B.贷方 1 360 元   C.贷方 1 500 元   D.借方 1 140 元
9. 在按应收账款余额计提坏账准备的情况下,已核销的坏账又重新收回时,应借记(   )。
   A.营业外收入   B.应收账款   C.坏账准备   D.管理费用
10. 企业将销售商品收到的银行承兑汇票背书转让给其他企业,用于支付购买原材料的价款,应贷记的科目是(   )。
    A.应收账款   B.应收票据   C.应付票据   D.银行存款
11. 2012 年 7 月 18 日,A 企业将收到的出票日为 5 月 20 日、期限为 180 天、面值为100 000元的票据到银行申请贴现。该票据的贴现天数为(   )天。
    A.180   B.122   C.120   D.121
12. 企业的应收票据在到期时,承兑人无力偿还票款的,应将其转入(   )科目。
    A.应收账款   B.应付账款   C.其他应收款   D.预收账款
13. 确认坏账的条件之一是债务人逾期未履行偿债义务超过(   )。
    A.1 年   B.2 年   C.3 年   D.5 年
14. 下列各项,不通过"其他应收款"科目核算的是(   )。
    A.为购货方代垫的运费   B.应收保险公司的各项赔款
    C.为职工代垫的房租   D.存出保证金

二、多选题

1. 企业发生的下列往来款项中,应作为其他应收款核算的有(   )。
   A.租入包装物支付的押金   B.应收的保险公司赔款
   C.代职工垫付的水电费   D.销售产品代购货方垫付的运杂费
2. 企业采用备抵法核算坏账准备,估计坏账损失的方法有(   )。
   A.应收账款余额百分比法   B.账龄分析法
   C.双倍余额递减法   D.销货百分比法
3. 下列各项中,可以计提坏账准备的有(   )。
   A.应收账款   B.其他应收款   C.应收股息   D.应收票据
4. 下列各项,构成应收账款入账价值的有(   )。
   A.增值税销项税额   B.商业折扣

C. 代购货方垫付的运杂费　　　　　　D. 销售货款

5. 应收账款包括下列几种应收款项(　　)。
　　A. 销售商品应收的货款　　　　　　B. 职工预借的差旅费
　　C. 提供劳务应收的账款　　　　　　D. 应收铁路部门的赔款

6. 下列各项中,应记入"坏账准备"账户贷方的有(　　)。
　　A. 按规定提取的坏账准备　　　　　B. 已发生的坏账
　　C. 冲销多提的坏账准备　　　　　　D. 收回过去确认并转销的坏账

7. 带息商业汇票到期值的计算与(　　)有关。
　　A. 票据面值　　B. 票面利率　　C. 票据期限　　D. 贴现率

8. 下列各项中,会影响应收账款账面价值的有(　　)。
　　A. 收回前期应收账款　　　　　　　B. 发生赊销商品的业务
　　C. 收回已转销的坏账　　　　　　　D. 结转到期不能收回的票据

9. 在我国会计实务中,作为应收票据核算的票据有(　　)。
　　A. 支票　　B. 银行汇票　　C. 商业承兑汇票　　D. 银行承兑汇票

10. 下列关于现金折扣与商业折扣的说法,正确的是(　　)。
　　A. 我国会计实务中采用总价法核算存在现金折扣的交易
　　B. 总价法是将未减去现金折扣前的金额作为实际售价,记作应收账款的入账价值
　　C. 存在商业折扣的情况下,企业应收账款入账金额应按扣除商业折扣后的实际售价确认
　　D. 现金折扣是指债权人为鼓励债务人早日付款,而向债务人提供的债务扣除

三、判断题

1. 企业对于已转为坏账损失的应收账款已放弃了追索权。(　　)
2. 企业内部各部门周转使用的备用金,应在"其他应收款"科目核算,或单独设置"备用金"科目核算。(　　)
3. 企业按年末应收账款余额的一定比例计算出的坏账准备,等于年末计入"管理费用——坏账损失"科目的金额。(　　)
4. 企业因销售商品而应收的款项,如果收款期限较长、款项采用递延方式分期收取、实质上具有融资性质的,应通过"长期应收款"核算,不通过"应收账款"科目核算。(　　)
5. 企业发生的预付货款业务也可不通过"预付账款"科目,而在"应付账款"科目中进行核算,但在会计期末编制报表时应将二者分开报告。(　　)
6. 预付款项情况不多的企业,也可不单独设置"预付账款"科目,而将预付的款项直接记入"应收账款"科目。(　　)
7. 已确认并已转销的坏账损失,以后又收回的,仍然应通过"应收账款"科目核算,并冲减"坏账准确"科目。(　　)
8. 商业汇票到期时,如果因债务人无力支付款项而发生退票,应将应收票据转为其他应收

款。(   )

9. 预付货款可以在"应付账款"科目核算,因此,预付货款可以减少企业的负债。(   )

10. 企业应向职工收取的暂付款项可在"应收账款"科目进行核算。(   )

四、简答题

1. 应收账款的特点有哪些?
2. 如何确认坏账?
3. 带息和不带息应收票据在核算上有何区别?
4. 应收票据面值、到期价值与账面价值三者之间有何区别?
5. 应收票据贴现有何特点?为什么说贴现的带追索权的应收票据是一种或有负债?
6. 坏账损失核算中的直接转销法和备抵法有何区别?
7. 预付账款与应收账款在性质上有何区别?
8. 其他应收款包括哪些内容?应如何进行会计处理?

五、计算题

1. 甲企业销货收入为 1 600 000 元,增值税税额为 272 000 元,收到商业承兑汇票一张。汇票签发承兑日为 10 月 31 日,期限 90 天,年利率为 9%,到期日为 1 月 29 日,贴现日为 11 月 30 日,贴现年利率为 7.2%。

要求:

计算票据到期利息、到期值、贴现利息和贴现金额。

2 甲企业 2012 年发生如下经济业务:

(1) 1 月 5 日,出售商品给广安公司,收到现款 4 500 元及一张面值 7 000 元、60 天期、利率为 8%、开票日为当天的票据。

(2) 3 月 7 日,收到广安公司票据的本息。

(3) 3 月 20 日,从客户兴华公司处收到一张面值 8 000 元,利率 7%,为期 90 天的票据。

(4) 3 月 30 日,将兴华公司的票据向银行贴现,贴现率为 8%。

(5) 4 月 6 日,收到客户红星公司交来的面值 16 000 元,60 天期,利率为 8%,开票日为 4 月 4 日的票据一张,用以延长已过期的账款。

(6) 4 月 10 日,将红星公司票据按 9% 的利率向银行贴现。

(7) 7 月 6 日,收到红星公司票据拒付的通知,付给银行这张票据的到期值。

(8) 8 月 5 日,收到红星公司偿付其拒付票据的到期值及逾期 30 天,按 8% 的利率计算的利息。

要求:

根据上述资料进行必要的计算并编制会计分录。

第四章 Chapter 4

存　货

一、单选题

1. 企业下列科目的期末余额不应列示在资产负债表"存货"项目下的是（　　）。
   A. 在途物资　　　　　　　　　　B. 工程物资
   C. 委托加工物资　　　　　　　　D. 生产成本

2. 我国会计准则规定,存货在取得时应以（　　）为入账价值。
   A. 现行市价　　　　　　　　　　B. 取得时的实际成本
   C. 换入时的公允价值　　　　　　D. 包括制造费用在内的全部成本

3. 企业外购存货的采购成本,通常不应包括（　　）。
   A. 运输途中的保险费　　　　　　B. 运输途中的合理损耗
   C. 入库前的挑选整理费用　　　　D. 市内零星货物运杂费

4. 在发出存货的计价方法中,期末存货价值最接近期末进货成本的是（　　）。
   A. 先进先出法　　B. 后进先出法　　C. 加权平均法　　D. 计划成本法

5. 在物价持续下降前提下,使当期利润最低的发出存货计价方法是（　　）。
   A. 先进先出法　　B. 后进先出法　　C. 加权平均法　　D. 计划成本法

6. 企业购入存货超过正常信用条件延期支付价款,登记入账的未确认融资费用在分期摊销时,应当计入（　　）。
   A. 原材料成本　　B. 管理费用　　C. 财务费用　　D. 营业外支出

7. 甲公司为增值税一般纳税企业,购入原材料150公斤,收到的增值税专用发票注明价款900万元,增值税额153万元。另发生运输费用9万元(可抵扣7%),包装费3万元,途中保险费2.7万元。材料运抵企业后,验收入库原材料为148公斤,运输途中发生合理损耗2公斤。

该原材料入账价值为( )万元。
  A.911.70   B.914.11   C.913.35   D.914.70

8.某增值税一般纳税企业本期购入一批商品,进货价格为80万元,增值税进项税额为13.6万元。所购商品到达后验收发现商品短缺30%,其中合理损失5%,另25%的缺损尚待查明原因。该商品应计入存货的实际成本为( )万元。
  A.70.20   B.56   C.80   D.60

9.某企业存货的日常核算采用毛利率法计算发出存货成本。该企业1997年1月份实际毛利率为30%,本年度2月1日的存货成本为1 200万元,2月份购入存货成本为2 800万元,销售收入为3 000万元,销售退回为300万元。该企业2月末存货成本为( )万元。
  A.1 300   B.1 900   C.2 110   D.2 200

10.某零售商店年初库存商品成本为25万元,售价总额为36万元。当年购入商品的实际成本为60万元,售价总额为100万元。当年销售收入为当年购入商品售价总额的80%。在采用零售价法的情况下,该商店年末库存商品成本为( )万元。
  A.33.6   B.35   C.30   D.40

11.某一般纳税企业收购免税农产品一批,支付购买价款10万元,另发生保险费0.5万元,装卸费0.7万元。该农产品的采购成本为( )万元。
  A.11.2   B.11.7   C.10.05   D.10

12.企业委托加工存货所支付的下列款项中,不可能计入委托加工存货成本的是( )。
  A.支付的加工费   B.支付的往返运杂费
  C.支付的增值税   D.支付的消费税

13.企业生产车间用于车间管理的低值易耗品,其成本应计入( )。
  A.制造费用   B.销售费用   C.管理费用   D.其他业务成本

14.随同商品出售但不单独计价的包装物,其成本应计入( )。
  A.制造费用   B.销售费用   C.其他业务成本   D.营业外支出

15.由于自然灾害造成的存货毁损,应将其净损失计入当期( )。
  A.制造费用   B.管理费用
  C.其他业务成本   D.营业外支出

16.企业采购过程中发生的存货短缺,应计入有关存货采购成本的是( )。
  A.运输途中的合理损耗   B.供货单位造成的存货短缺
  C.运输单位造成的存货丢失   D.非常原因导致的存货短缺

17.期末存货应按可变现净值低于成本的差额计提存货跌价准备,计入( )。
  A.管理费用   B.资产减值损失
  C.公允价值变动损益   D.营业外支出

18.2012年末,东方公司根据市场需求的变化,决定停止生产丙产品。为减少不必要的损失,决定将原材料中专门用于生产丙产品的外购 D 材料全部出售,2012 年 12 月 31 日其成本为 200 万元,数量为 10 吨。据市场调查,D 材料的市场销售价格为 10 万元/吨,同时销售 10 吨 D 材料可能发生的销售费用及税金 1 万元。2012 年 12 月 31 日,D 材料的账面价值为(   )万元。

  A. 99   B. 100   C. 90   D. 200

19. 2012 年 10 月 5 日,北方公司与西方公司签订了一份销售合同,双方约定 2013 年 1 月 10 日,北方公司按每台 3 万元的价格向西方公司销售 A 商品 15 台。2012 年 12 月 31 日,北方公司 A 商品的单位成本为 2.4 万元,数量为 10 台。2008 年 12 月 31 日,A 商品的市场销售价格为 2.8 万元,若销售 A 商品时每台的销售费用为 0.5 万元。在上述情况下,2012 年年末北方公司结存的 10 台 A 商品的账面价值为(   )万元。

  A. 24   B. 23   C. 3   D. 25

20. 2012 年 12 月 31 日,大海公司库存 A 材料的账面价值(成本)为 400 万元,市场购买价格总额为 380 万元,假设不发生其他购买费用,用 A 材料生产的甲产品的可变现净值为 600 万元,甲产品的成本为 590 万元。2012 年 12 月 31 日,A 材料的价值为(   )万元。

  A. 380   B. 600   C. 400   D. 590

21. 2012 年 12 月 31 日,大海公司库存 B 材料的账面价值(成本)为 60 万元,市场购买价格总额为 55 万元,假设不发生其他购买费用,由于 B 材料市场销售价格下降,市场上用 B 材料生产的乙产品的市场价格也发生下降,用 B 材料生产的乙产品的市场价格总额由 150 万元下降为 135 万元,乙产品的成本为 140 万元,将 B 材料加工成乙产品尚需投入 80 万元,估计销售费用及税金为 5 万元。2012 年 12 月 31 日,B 材料的价值为(   )万元。

  A. 60   B. 50   C. 55   D. 80

22. 2012 年 9 月 3 日,新世纪公司与希望公司签订了一份不可撤销的销售合同,双方约定,2013 年 1 月 20 日,新世纪公司应按每台 62 万元的价格向希望公司提供甲产品 6 台。2012 年 12 月 31 日,新世纪公司甲产品的账面价值(成本)为 280 万元,数量为 5 台,单位成本为 56 万元。2012 年 12 月 31 日,甲产品的市场销售价格为 60 万元/台。销售 5 台甲产品预计发生销售费用及税金为 10 万元。2012 年 12 月 31 日,新世纪公司结存的 5 台甲产品的账面价值为(   )万元。

  A. 300   B. 290   C. 280   D. 270

23. 2012 年 12 月 26 日,新世纪公司与希望公司签订了一份不可撤销的销售合同,双方约定,2013 年 3 月 20 日,新世纪公司应按每台 62 万元的价格向希望公司提供乙产品 6 台。2012 年 12 月 31 日,新世纪公司还没有生产该批乙产品,但持有的库存 C 材料专门用于生产该批乙产品,其账面价值(成本)为 144 万元,市场销售价格总额为 152 万元。将 C 材料加工成乙产品尚需发生加工成本 230 万元,不考虑其他相关税费。2012 年 12 月 31 日,C 材料的可变现净值为(   )万元。

A. 144　　　　　　B. 152　　　　　　C. 372　　　　　　D. 142

24. 期末对存货采用成本与可变现净值孰低法计价时,其可变现净值的含义是(　　)。
  A. 预计售价
  B. 预计售价减去进一步加工成本和销售所必需的预计税金、费用
  C. 现时重置成本
  D. 现时重置成本加正常利润

25. 在编制资产负债表时,"存货跌价准备"账户的贷方余额应列为(　　)。
  A. 存货的抵减项目并单独列示　　　　B. 在流动负债类下设项目反映
  C. 存货　　　　　　　　　　　　　　D. 在流动资产类下设项目反映

26. 某股份有限公司对期末存货采用成本与可变现净值孰低法计价。某年末库存自制半成品的实际成本为40万元,预计进一步加工所需费用为16万元,预计销售费用及税金为8万元。该半成品加工完成后的产品预计销售价格为60万元。假定该公司以前年度未计提存货跌价准备,则年末该项存货应计提的跌价准备为(　　)万元。
  A. 0　　　　　　　B. 4　　　　　　　C. 16　　　　　　　D. 20

27. 某企业2008年12月31日存货账面余额为20 000元,预计可变现净值19 000元。2009年12月31日存货的账面余额仍为20 000元,预计可变现净值21 000元,则2009年末应冲减的存货跌价准备为(　　)元。
  A. 1 000　　　　　B. 2 000　　　　　C. 9 000　　　　　D. 3 000

28. 企业某种存货的期初实际成本为200万元,期初"存货跌价准备"贷方余额2.5万元,本期购入该种存货实际成本45万元,领用150万元,期末估计库存该种存货的可变现净值为91万元,则本期应计提存货跌价准备的金额为(　　)万元。
  A. 1.5　　　　　　B. 2.5　　　　　　C. 4　　　　　　　D. 9

29. 某公司有甲、乙、丙三种存货,采用先进先出法计算发出存货的实际成本,并按单个存货项目的成本与可变现净值孰低法对期末存货计价。该公司2008年12月初"存货跌价准备"贷方余额为7 000元,其中甲、乙、丙三种存货分别为2 000元、3 000元和2 000元。2008年12月31日,甲存货结存200千克,单价200元;乙存货结存250千克,单价180元;丙存货结存100千克,单价150元。2008年12月31日,甲、乙、丙三种存货的可变现净值总额分别为35 000元、48 000元和11 000元。该公司12月份发出存货均为生产所用。假定不考虑其他因素,则该公司2008年12月31日应补提的存货跌价准备为(　　)元。
  A. 1 000　　　　　B. 2 000　　　　　C. 7 000　　　　　D. 9 000

30. 工业企业下列存货相关损失项目中,不应计入当期损益的是(　　)。
  A. 收发过程中计量差错引起的存货盈亏　　B. 责任事故造成的存货净损失
  C. 购入存货运输途中发生的合理损耗　　　D. 自然灾害造成的存货净损失

31. 盘盈的存货经报批应转入(　　)。

A. 营业外收入　　　　　　　　　　B. 其他业务收入
C. 管理费用　　　　　　　　　　　D. 原材料
32. 企业清查存货,发现存货盘亏,无法查明原因,则应当计入(　　)。
A. 财务费用　　　　　　　　　　　B. 管理费用
C. 其他业务成本　　　　　　　　　D. 营业外支出
33. 资产负债表中的存货项目的列示不需要考虑的账户有(　　)。
A. 材料成本差异　　　　　　　　　B. 生产成本
C. 制造费用　　　　　　　　　　　D. 存货跌价准备

二、多选题

1. 下列各项支出中,一般纳税企业应当计入存货成本的是(　　)。
A. 增值税进项税额　　　　　　　　B. 入库前的挑选整理费
C. 购进存货时支付的进口关税　　　D. 购进存货时发生的运输费用
2. 根据企业会计准则的规定,发出存货的计价应当采用(　　)。
A. 个别计价法　　　　　　　　　　B. 先进先出法
C. 加权平均法　　　　　　　　　　D. 后进先出法
3. 下列各项属于企业存货的有(　　)。
A. 委托加工材料　　　　　　　　　B. 生产成本
C. 特种储备物资　　　　　　　　　D. 发出商品
4. 下列各项中,应在"材料成本差异"科目的借方核算的有(　　)。
A. 材料成本的超支差异　　　　　　B. 材料成本的节约差异
C. 结转发出材料应负担的节约成本差异　D. 结转发出材料应负担的超支成本差异
5. 影响存货入账价值的主要因素有(　　)。
A. 购货价格　　B. 管理费用　　C. 制造费用　　D. 其他成本
6. 下列各种物资中,应当作为企业存货核算的有(　　)。
A. 包装物　　　B. 发出商品　　C. 低值易耗品　D. 工程物资
7. 下列项目中,属于存货的有(　　)。
A. 已签订购货合同的商品　　　　　B. 委托加工材料
C. 受托代销商品　　　　　　　　　D. 委托代销商品
8. 下列属于企业库存商品的有(　　)。
A. 门市部存放的　　　　　　　　　B. 委托外单位代管的
C. 受托代销的　　　　　　　　　　D. 陈列展览的
9. 下列项目中,应计入企业存货成本的有(　　)。
A. 进口原材料支付的关税　　　　　B. 自然灾害造成的原材料净损益
C. 入库前的挑选整理费用　　　　　D. 生产过程中发生的制造费用

10. 下列费用应当在发生时确认为当期损益,不计入存货成本的有(　　)。
   A. 已验收入库原材料发生的仓储费用
   B. 非正常消耗的直接材料、直接人工和制造费用
   C. 在生产过程中为达到下一个生产阶段所必需的仓储费用
   D. 不能归属于使存货达到目前场所和状态的其他支出

11. 适用于商业企业的存货发出计价方法有(　　)。
   A. 先进先出法　　　　　　　　　B. 毛利率法
   C. 后进先出法　　　　　　　　　D. 售价金额核算法

12. 存货计价方法的选择对企业(　　)。
   A. 损益的计算有直接影响
   B. 资产总额的计算有直接影响
   C. 所有者权益有关项目数额的计算有直接影响
   D. 缴纳所得税的数额有一定影响

13. 关于存货发出的计价方法对企业损益的论述,下列说法正确的有(　　)。
   A. 期初存货如果计价过低,当期的收益可能会因此而相应地增加
   B. 期初存货如果计价过低,当期的收益可能会因此而相应地减少
   C. 期末存货如果计价过低,当期的收益可能会因此而相应地增加
   D. 期末存货如果计价过低,当期的收益可能会因此而相应地减少

14. 委托加工材料的实际成本包括(　　)。
   A. 加工中耗用材料的实际成本
   B. 支付的加工费
   C. 支付的消费税(委托加工后直接用于销售)
   D. 支付的消费税(委托加工后继续用于生产应税消费品)

15. 下列各项属于"材料成本差异"账户的贷方登记的内容有(　　)。
   A. 实际成本大于计划成本的超支额
   B. 实际成本小于计划成本的节约额
   C. 分配计入发出各种材料成本的差异额
   D. 调整库存材料计划成本时调整增加的计划成本

16. 依据《企业会计准则》的规定,下列有关存货可变现净值的表述中,正确的有(　　)。
   A. 为执行销售合同而持有的存货,通常应当以产成品或商品合同价格作为其可变现净值的计算基础
   B. 持有存货的数量多于销售合同订购数量,超出部分的存货可变现净值应当以产成品或商品的合同价格作为计算基础
   C. 没有销售合同约定的存货,应当以产成品或商品市场销售价格作为其可变现净值的计

算基础

D.用于出售的材料,通常应当以市场销售价格作为其可变现净值的计算基础

17.下列情形中,表明存货发生减值的有(　　)。

A.原材料市价持续下跌,并且在可预见的未来无回升的希望

B.材料价格的下降表明产成品的可变现净值低于成本

C.企业因产品更新换代,库存原材料已不适应新产品需要,但该原材料市场价格又高于其账面成本

D.因企业所提供的商品或劳务过时,导致其市场价格逐渐下跌

18.计算存货可变现净值时,应从预计售价中扣除的项目有(　　)。

A.出售前发生的行政管理人员的工资　　B.存货的账面成本

C.销售过程中发生的销售费用　　D.出售前进一步加工的加工费用

19.实地盘存制的缺点是(　　)。

A.不能随时反映存货收入、发出和结存的动态情况

B.存货明细记录的工作量较大

C.容易掩盖存货管理中存在的自然和人为的损失

D.只能到期末盘点时结转耗用或销货成本,不能随时结转

20.盘亏存货的处理结果可能计入(　　)。

A."生产成本"账户的借方　　B."其他应收款"账户的借方

C."其他业务支出"账户的借方　　D."管理费用"账户的借方

21.企业期末编制资产负债表时,下列各项应包括在"存货"项目的是(　　)。

A.生产成本　　B.发出商品

C.为在建工程购入的工程物资　　D.未来约定购入的商品

三、判断题

1.企业为生产产品而购入的材料,属于存货;但为建造固定资产而购入的材料,就不属于存货。(　　)

2.存货是指已经完成全部生产过程并验收入库可对外销售的产品。(　　)

3.委托加工材料收回后直接用于销售的,由受托方代收代交的消费税应计入委托加工物资的成本。(　　)

4.所有企业采购存货时支付的增值税不得记入存货成本。(　　)

5.企业在存货采购过程中发生了短缺,经查明,属于运输途中的合理损耗,应当计入当期的管理费用。(　　)

6.账面结存法下定期或不定期的盘点,目的是核对账实,而不是取得存货的实际结存数。(　　)

7.生产过程中用于包装产品作为产品组成部分的包装物的价值应构成产品的生产成本。

( )

8. 企业购进原材料已验收入库,但结算凭证尚未到达,货款尚未支付,则月末应将这批材料按暂估价入账,待下月收到结算凭证并支付货款时,将其实际采购成本与暂估价的差额记入"材料成本差异"科目。( )

9. "材料采购"科目的余额就是在途材料的成本。( )

10. 企业的库存材料发生盘亏或毁损时,应先计入"待处理财产损溢"科目,待查明原因并经批准后分别计入管理费用、营业外支出和其他应收款。( )

11. 低值易耗品包括工具、管理用具、玻璃器皿,以及在经营过程中周转使用的包装容器等。( )

12. 委托加工材料的成本包括发出材料的实际成本、支付的加工费、应负担的运杂费等内容。( )

13. 企业外购的半成品,应作为原材料处理,而不作为自制半成品核算。( )

14. 企业采购原材料取得的现金折扣应冲减其采购成本。( )

四、简答题

1. 发生存货的基本计价方法有哪些?
2. 什么是数量进价金额核算法?简要说明其内容?
3. 什么是售价金额核算法?其基本内容和适用范围如何?
4. 简要回答"材料成本差异"账户的基本结构。
5. 简述存货发出的计价对利润的影响。

五、计算题

1. 练习发出存货的计价方法

资料:企业某月发生材料收发业务如下:1日,月初结存200件,单价10.00元;5日,购入500件,单价9.80元;6日,领用100件;8日,领用300件;10日,购入200件,单价10.20元;12日,领用200件;18日,领用100件;28日,购入300件,单价10.25元。

要求:

分别用先进先出法、移动平均法及月末一次加权平均法计算发出材料成本。

2. 练习原材料按计划成本的核算

资料:某企业对甲材料按计划成本法核算,5月初甲材料账面余额为借方200万元,材料成本差异的余额为借方4万元。该企业5月份发生如下经济业务:

(1)购入甲材料一批,增值税专用发票上注明的材料价款为60万元,税款102 000元。该批材料的计划成本66万元,货款已支付并验收入库。

(2)购入甲材料一批,普通发票上标明的价款为20万元,材料的计划成本19万元。材料已验收入库,并以银行存款支付全部货款。

(3)本月生产领用甲材料一批,计划成本为40万元。

要求：

计算发出材料应负担的材料成本差异，并编制相应的会计分录。

3. 练习原材料按计划成本发出的核算

资料：某工业企业月初库存某种材料 1 000 件，每件计划成本为 100 元，材料成本差异分配率为-2%，本月发生的材料购买和发出业务如下：

（1）本月 5 日以商业承兑汇票方式购入该种材料 2 000 件，每件买价为 100 元，有关运杂费 4 000 元，专用发票列明应支付增值税共计 34 000 元。

（2）本月 20 日以转账支票方式购进该种材料 1 000 件，专用发票列明每件买价为 99 元，另应支付的增值税为 16 830 元。

（3）本月发出材料汇总表列明，产品生产领用该种材料 1 500 件，生产部门一般性消耗 500 件，企业在建项目领用本月 5 日购入的该材料 1 200 件。

要求：

根据上述资料计算月末材料成本差异分配率及各种部门领用材料应负担的材料成本差异，并做购料、发料及分配材料成本差异的有关会计分录（假定购进的材料都于当日验收入库）。

4. 练习存货短缺的核算

资料：

（1）企业于本月 7 日购进商品一批，发票列明数量共计 5 000 公斤，单价 20 元，商业折扣为 2%，增值税率为 17%，用一张 120 000 元的银行汇票支付货款，剩余款项已退回。本月 20 日到货，验收入库时发现短缺 100 公斤，原因尚未查清。本月 25 日经查实上述短缺均属供货方少发，企业向供货方索赔。

（2）本月 5 日采用银行承兑汇票方式购进甲材料 1 000 件，每件发票单价 100 元，并加收增值税 17 000 元；12 日收到货物验收入库时发现短缺 10 件，原因待查；20 日查明原因系意外事故所致，保险公司同意赔偿 80%，其余 20% 作为营业外支出处理，该种材料计划单价 95 元。

要求：

做出必要的计算和会计处理。

5. 练习委托加工材料的处理

资料：企业委托某公司为其加工原材料一批，向其发出的委托加工材料计划成本共计 50 000元，上月材料成本差异率为-3%，加工完成后应支付加工费计 10 000 元及增值税 1 700 元，款项未付，用银行存款支付往返运费共计 1 000 元，该批委托加工的原材料现已验收入库，共计 100 件，每件计划成本为 600 元。

要求：

做出以上经济业务的全部会计分录。

6. 练习商品存货的核算

资料:某商业零售企业本月购进并验收入库商品的进价共计 250 000 元,其售价共计 350 000元,本月售出商品的售价共计 200 000 元,月末计算的综合进销差价率为 30%。

要求:

做出以上经济业务的有关会计分录。

7.练习周转材料的核算

资料:某企业的包装物按实际成本核算,发生如下经济业务:

(1)以银行存款购进包装物,实际成本 3 510 元(其中包括进项税 510 元)。

(2)生产领用包装物,用于包装产品,实际成本 400 元。

(3)销售产品领用不单独计价的包装物,实际成本 200 元。

(4)销售产品领用单独计价的包装物,实际成本 400 元,售价 585 元(其中包括增值税 85 元)。

(5)出租新包装物 100 个,包装物实际总成本 6 000 元,共收取押金 8 000 元,每月收取租金 700 元。包装物价值采用五五摊销法。

(6)承租单位退回包装物 80 个,退还押金 6 400 元。

(7)没收逾期未退回 20 个包装物押金 1 600 元(其中销项税额 232.5 元),摊销其成本的另外 50%。

(8)因入库回收的出租包装物多次出租,已无法使用,批准报废。报废时收回残料 200 元。

要求:

做出以上经济业务的会计分录。

8.练习存货清查的核算

资料:

(1)经盘点,原材料盘亏的计划成本为 100 元。

(2)分摊应由盘亏负担的成本差异(假定差异率为 1%)。

(3)因自然灾害造成产品损失的计划成本为 20 000 元,假定成本差异率为 1%,估计残值为 200 元,保险公司同意赔偿 50%,保管人失职赔偿 25%,定额内损耗 5%。

要求:

为以上业务编制会计分录(不考虑相关税金)。

9.练习存货可变现净值的计算

资料:A 公司期末库存甲材料 20 吨,每吨计划成本 1 650 元,对应的材料成本差异账户为贷方余额 1 000 元。这些材料目前的市场价格为每吨 1 500 元,销售税税费率为 8%。A 公司计划将这 20 吨材料用于生产 A 产品 10 件,A 产品每件加工成本为 2 000 元,每件 A 产品目前的市场售价为 5 000 元。现有 B 公司已与 A 公司签订了定购 8 件 A 产品的合同,每件 A 产品的定购价格为 4 500 元,A 产品的销售税费率为 10%。

要求：
计算甲材料的期末可变现净值和应计提的存货跌价准备。

10. 练习存货跌价准备的核算

资料：某股份公司对期末存货采用成本与可变现净值孰低法。A存货的有关资料如下：
(1) 2006年12月31日成本为200 000元，可变现净值为190 000元。
(2) 2007年6月30日成本为200 000元，可变现净值为188 000元。
(3) 2007年7月20日售出实际成本为80 000元的A存货，收入85 000元。
(4) 2007年12月31日成本为200 000元，可变现净值为199 000元。
(5) 2008年6月30日成本为200 000元，可变现净值为210 000元。

要求：
根据上述资料，编制与计提存货跌价准备业务有关的会计分录。

11. 练习存货跌价准备的核算

资料：北方公司期末存货采用成本与可变现净值孰低法计价。2008年9月26日北方公司与南方公司签订销售合同：由北方公司于2009年3月6日向南方公司销售电子设备10 000台，每台1.5万元。2008年12月31日北方公司库存电子设备13 000台，单位成本1.4万元。2008年12月31日市场销售价格为每台1.4万元，预计销售税费均为每台0.1万元。北方公司于2009年3月6日向南方公司销售电子设备10 000台，每台1.5万元。北方公司于2009年4月6日销售电子设备100台，市场销售价格为每台1.2万元。货款均已收到。北方公司系增值税一般纳税企业，适用的增值税税率为17%。

要求：
编制计提存货跌价准备的会计分录，并列示计算过程。编制有关销售业务的会计分录。（金额单位用万元表示）

第五章 Chapter 5

金融资产及长期股权投资

一、单选题

1. 企业取得交易性金融资产的主要目的是(　　)。
   A. 利用闲置资金短期获利　　　　B. 控制对方的经营政策
   C. 向对方提供财务援助　　　　　D. 分散经营风险
2. 企业购入股票支付的价款中如果包含已宣告但尚未领取的现金股利,应当(　　)。
   A. 计入投资成本　　　　　　　　B. 作为其他应收款
   C. 作为应收股利　　　　　　　　D. 计入投资收益
3. 企业在持有交易性金融资产期间,公允价值变动应当计入(　　)。
   A. 投资收益　　　　　　　　　　B. 公允价值变动损益
   C. 资本公积　　　　　　　　　　D. 营业外收入
4. 甲公司 2012 年 4 月 1 日购入乙公司股票 20 万股,作交易性金融资产核算,每股买价 20 元,另支付交易费用 2 万元,乙公司已于 3 月 20 日宣告分红,每股红利为 0.7 元,于 4 月 15 日发放。2012 年 6 月 30 日每股的市价为 21 元。2012 年 12 月 31 日每股市价为 23 元。2013 年 3 月 1 日乙公司再次宣告分红,每股红利为 0.9 元,于 4 月 1 日发放。2013 年 5 月 3 日甲公司将股票抛售,每股售价为 30 元,交易费用 3.1 万元。

   甲公司因此投资形成的累计投资收益为(　　)。
   A. 120 万元　　　　B. 226.9 万元　　　　C. 210.9 万元　　　　D. 232 万元
5. 2012 年 2 月 2 日,甲公司支付 830 万元取得一项股权投资作为交易性金融资产核算,支付价款中包括已宣告尚未领取的现金股利 20 万元,另支付交易费用 5 万元。甲公司该项交易性金融资产的入账价值为(　　)万元。

A. 810   B. 815   C. 830   D. 835

6. M公司以赚取价差为目的于2012年5月1日购入N公司的债券,该债券面值为100万元,票面利率为6%,每年的4月1日、10月1日各付息一次。N公司本应于2012年4月1日偿付的利息直至5月3日才予支付。M公司支付买价108万元,另支付交易费用1.6万元。2012年6月30日该债券的公允价值为90万元。M公司10月1日如期收到利息。2012年12月31日债券的公允价值为96万元。2013年2月1日M公司抛售此投资,售价为116万元,假定无相关税费,则M公司因该投资产生的累计投资收益为( )万元。

A. 11   B. -11.6   C. 12.4   D. 1.42

7. 某企业购入W上市公司股票180万股,并划分为交易性金融资产,共支付款项2 830万元,其中包括已宣告但尚未发放的现金股利126万元。另外,支付相关交易费用4万元。该项交易性金融资产的入账价值为( )万元。

A. 2 700   B. 2 704   C. 2 830   D. 2 834

8. 甲公司将其持有的交易性金融资产全部出售,售价为3 000万元;出售前该金融资产的账面价值为2 800万元(其中成本2 500万元,公允价值变动300万元)。假定不考虑其他因素,甲公司对该交易应确认的投资收益为( )万元。

A. 200   B. -200   C. 500   D. -500

9. A公司于2012年11月5日从证券市场购入B公司发行在外的股票200万股作为交易性金融资产,每股支付价款5元,另支付相关费用20万元。2012年12月31日,这部分股票的公允价值为1 050万元,A公司2012年12月31日应确认的公允价值变动损益为( )万元。

A. 损失50   B. 收益50   C. 收益30   D. 损失30

10. 企业购入债券作为持有至到期投资,该债券的投资成本应为( )。

A. 债券面值   B. 债券面值加相关交易费用
C. 债券公允价值   D. 债券公允价值加相关交易费用

11. A公司于2012年4月5日从证券市场购入B公司发行在外的股票200万股作为可供出售金融资产,每股支付价款4元(含已宣告但尚未发放的现金股利0.5元),另支付相关费用12万元,A公司可供出售金融资产取得时的入账价值为( )万元。

A. 700   B. 800   C. 712   D. 812

12. 可供出售金融资产期末公允价值的变动,应当计入( )。

A. 公允价值变动损益   B. 投资收益
C. 资本公积   D. 盈余公积

13. 非同一控制下企业合并形成的长期股权投资,初始投资成本小于投资时应享有的被投资单位可辨认净资产公允价值份额的差额,应当计入( )。

A. 营业外收入   B. 投资收益

C. 公允价值变动损益　　　　　　　D. 资本公积

14. 长期股权投资采用成本法核算,如果被投资单位发生亏损且未分配股利,投资企业应当(　　)。
A. 冲减投资收益　　　　　　　　B. 冲减投资成本
C. 冲减资本公积　　　　　　　　D. 不作会计处理

15. 长期股权投资采用权益法核算,下列事项中不会影响股权投资账面价值的是(　　)。
A. 被投资单位取得利润　　　　　B. 被投资单位发生亏损
C. 被投资单位派发现金股利　　　D. 被投资单位派发股票股利

16. 长期股权投资采用成本法核算,如果被投资单位发生亏损且未分配股利,投资企业应当(　　)。
A. 冲减投资收益　　　　　　　　B. 冲减投资成本
C. 冲减资本公积　　　　　　　　D. 不作会计处理

二、多选题

1. 企业持有的下列投资中,投资对象既可以是股票也可以是债券的有(　　)。
A. 交易性金融资产　　　　　　　B. 持有至到期投资
C. 长期股权投资　　　　　　　　D. 可供出售金融资产

2. 关于金融资产的重分类,下列说法中正确的有(　　)。
A. 以公允价值计量且其变动计入当期损益的金融资产不能重分类为持有至到期投资
B. 以公允价值计量且其变动计入当期损益的金融资产可以重分类为持有至到期投资
C. 持有至到期投资不能重分类为以公允价值计量且其变动计入当期损益的金融资产
D. 持有至到期投资可以重分类为以公允价值计量且其变动计入当期损益的金融资产

3. 交易性金融资产科目借方登记的内容有(　　)。
A. 交易性金融资产的取得成本
B. 资产负债表日其公允价值高于账面余额的差额
C. 取得交易性金融资产所发生的相关交易费用
D. 资产负债表日其公允价值低于账面余额的差额

4. 下列各项中,会引起持有至到期投资账面价值发生变化的是(　　)。
A. 确认债券利息收入进行溢价摊销
B. 确认债券利息收入进行折价摊销
C. 对面值购入、分期付息的债券确认债券利息收入
D. 对面值购入、到期一次付息的债券确认债券利息收入

5. 关于金融资产的计量,下列说法中正确的有(　　)。
A. 交易性金融资产应当按照取得时的公允价值和相关的交易费用作为初始确认金额计入"投资收益"

B.可供出售金融资产应当按取得该金融资产的公允价值和相关交易费用之和作为初始确认金额

C.可供出售金融资产应当按照取得时的公允价值作为初始确认金额,相关的交易费用在发生时计入当期损益

D.持有至到期投资在持有期间应当按照摊余成本和实际利率计算确认利息收入,计入投资收益

6.下列各项资产减值准备中,在相应资产的持有期间不可以转回的是(　　)。

A.固定资产减值准备　　　　　　　　B.持有至到期投资减值准备

C.商誉减值准备　　　　　　　　　　D.长期股权投资减值准备

7.按长期股权投资准则规定,下列事项中,投资企业应采用成本法核算的有(　　)。

A.投资企业能够对被投资单位实施控制的长期股权投资

B.投资企业对被投资单位不具有控制、共同控制或重大影响,并且在活跃市场中没有报价、公允价值不能可靠计量的长期股权投资

C.投资企业对被投资单位不具有控制、共同控制或重大影响,并且在活跃市场中有报价、公允价值能够可靠计量的长期股权投资

D.投资企业对被投资单位具有共同控制的长期股权投资

8.甲公司采用成本法核算对乙公司的长期股权投资,甲公司对乙公司投资的账面余额只有在发生(　　)的情况下,才应作相应的调整。

A.追加投资　　　　　　　　　　　　B.收回投资

C.被投资企业接受非现金资产捐赠　　D.对该股权投资计提减值准备

9.下列各项中,能引起权益法核算的长期股权投资账面价值发生变动的有(　　)。

A.被投资单位实现净利润

B.被投资单位宣告发放现金股利

C.被投资单位宣告发放股票股利

D.被投资单位除净损益外的其他所有者权益变动

10.下列各项中,权益法下会导致长期股权投资账面价值发生增减变动的有(　　)。

A.确认长期股权投资减值损失

B.投资持有期间被投资单位实现净利润

C.投资持有期间被投资单位提取盈余公积

D.投资持有期间被投资单位宣告发放现金股利

11.下列关于长期股权投资会计处理的表述中,正确的有(　　)。

A.对子公司长期股权投资应采用成本法核算

B.处置长期股权投资时应结转其已计提的减值准备

C.成本法下,按被投资方实现净利润应享有的份额确认投资收益

D. 成本法下,按被投资方宣告发放现金股利应享有的份额确认投资收益

三、判断题

1. 可供出售金融资产和持有至到期投资在符合一定条件时可重分类为交易性金融资产。(　)
2. 企业为取得交易性金融资产发生的交易费用应计入交易性金融资产初始确认金额。(　)
3. 在资产负债表中,持有至到期投资通常应当按账面摊余成本列示其价值。(　)
4. 持有至到期投资减值损失一经确认,在以后会计期间不得转回。(　)
5. 企业为取得可供出售金融资产发生的交易费用应计入可供出售金融资产初始确认金额。(　)
6. 长期股权投资采用成本法核算时,应按被投资单位实现的净利润中投资企业应当分享的份额确认投资收益。(　)
7. 采用权益法核算的长期股权投资,其初始投资成本大于投资时应享有被投资单位可辨认净资产公允价值份额的,应调整已确认的初始投资成本。(　)
8. 企业持有的长期股权投资发生减值的,减值损失一经确认,即使以后期间价值得以回升,也不得转回。(　)
9. 企业对长期股权投资计提的减值准备,在该长期股权投资价值回升期间应当转回,但转回的金额不应超过原计提的减值准备。(　)
10. 企业持有的长期股权投资发生减值的,应将其减值损失计入营业外支出。(　)
11. 可供出售权益工具投资发生的减值损失,不得通过损益转回。(　)

四、简答题

1. 长期股权投资核算的成本法与权益法有何异同?
2. 简述金融资产的概念。
3. 简述金融资产的分类。
4. 持有至到期投资具有什么特点?
5. 简述持有至到期债券利息调整摊销直线法和实际利率法的特点及其优缺点。

五、计算题

1. 2012年5月10日,甲公司以620万元(含已宣告但尚未领取的现金股利20万元)购入乙公司股票200万股作为交易性金融资产,另支付手续费6万元,5月30日,甲公司收到现金股利20万元。2012年6月30日该股票每股市价为3.2元,2012年8月10日,乙公司宣告分派现金股利,每股0.20元,8月20日,甲公司收到分派的现金股利。至12月31日,甲公司仍持有该交易性金融资产,期末每股市价为3.6元,2013年1月3日以630万元出售该交易性金融资产。假定甲公司每年6月30日和12月31日对外提供财务报告。

要求:

(1)编制上述经济业务的会计分录。
(2)计算该交易性金融资产的累计损益。

2. 甲公司于 2012 年 1 月 2 日从证券市场上购入 B 公司于 2011 年 1 月 1 日发行的债券,该债券四年期、票面年利率为 4%、每年 1 月 5 日支付上年度的利息,到期日为 2015 年 1 月 1 日,到期日一次归还本金和最后一次利息。甲公司购入债券的面值为 1 000 万元,实际支付价款为 992.77 万元,另支付相关费用 20 万元。甲公司购入后将其划分为持有至到期投资。购入债券的实际利率为 5%。假定按年计提利息。

要求:

编制甲公司从 2012 年 1 月 1 日至 2015 年 1 月 1 日上述有关业务的会计分录。

3. 2012 年 5 月,甲公司以 480 万元购入乙公司股票 60 万股作为可供出售金融资产,另支付手续费 10 万元。2012 年 6 月 30 日该股票每股市价为 7.5 元,2012 年 8 月 10 日,乙公司宣告分派现金股利,每股 0.20 元,8 月 20 日,甲公司收到分派的现金股利。至 12 月 31 日,甲公司仍持有该可供出售金融资产,期末每股市价为 8.5 元,2013 年 1 月 3 日以 515 万元出售该可供出售金融资产。假定甲公司每年 6 月 30 日和 12 月 31 日对外提供财务报告。

要求:

(1)编制上述经济业务的会计分录。
(2)计算该可供出售金融资产的累计损益。

4. 2012 年 1 月 1 日,甲公司从二级市场购入乙公司公开发行的债券 10 000 张,每张面值 100 元,票面利率为 3%,每年 1 月 1 日支付上年度利息。购入时每张支付款项 97 元,另支付相关费用 2 200 元,划分为可供出售金融资产。购入债券时的市场利率为 4%。

2012 年 12 月 31 日,由于乙公司发生财务困难,该公司债券的公允价值下降为每张 70 元,甲公司预计,如乙公司不采取措施,该债券的公允价值预计会持续下跌。

2013 年 1 月 1 日收到债券利息 30 000 元。

2013 年,乙公司采取措施使财务困难大为好转。2013 年 12 月 31 日,该债券的公允价值上升到每张 90 元。

2013 年 1 月 1 日收到债券利息 30 000 元。

2014 年 1 月 10 日,甲公司将上述债券全部出售,收到款项 902 000 元存入银行。

要求:

编制甲公司上述经济业务的会计分录。

5. 甲公司以 1 000 万元取得 B 公司 30% 的股权,取得投资时被投资单位可辨认净资产的公允价值为 3 000 万元。(会计分录中金额单位为万元)

要求:

(1)如甲公司能够对 B 公司施加重大影响,要求做出相应的会计处理。
(2)如甲公司能够对 B 公司施加重大影响,投资时 B 公司可辨认净资产的公允价值为

3 500万元,要求做出相应的会计处理。

6. 甲公司为一家上市公司,2012年对外投资有关资料如下：

(1)1月20日,甲公司以银行存款购买A公司发行的股票200万股准备长期持有,实际支付价款10 000万元,另支付相关税费120万元,占A公司有表决权股份的40%,能够对A公司施加重大影响,投资时A公司可辨认净资产公允价值为30 000万元(各项可辨认资产、负债的公允价值与账面价值相同)。

(2)4月17日,甲公司委托证券公司从二级市场购入B公司股票,并将其划分为交易性金融资产,支付价款1 600万元(其中包含宣告但尚未发放的现金股利40万元),另支付相关交易费用4万元。

(3)5月5日,甲公司收到B公司发放的现金股利40万元并存入银行。

(4)6月30日,甲公司持有B公司股票的公允价值下跌为1 480万元。

(5)7月15日,甲公司持有的B公司股票全部出售,售价为1 640万元,款项存入银行,不考虑相关税费。

(6)A公司2012年实现净利润5 000万元。

(7)A公司2012年年末因可供出售金融资产公允价值变动增加资本公积700万元。

假定除上述资料外,不考虑其他相关因素

要求：

根据上述资料,逐笔编制甲公司相关会计分录。

(答案中的金额单位用万元表示)

7. 甲上市公司发生下列长期股权投资业务：

(1)2012年1月3日,购入乙公司股票580万股,占乙公司有表决权股份的25%,对乙公司的财务和经营决策具有重大影响,甲公司将其作为长期股权投资核算。每股买入价8元,每股价格中包含已宣告但尚未发放的现金股利0.25元,另外支付相关税费7万元。款项均以银行存款支付。当日,乙公司所有者权益的账面价值(与其公允价值不存在差异)为18 000万元。

(2)2012年3月16日,收到乙公司宣告分派的现金股利。

(3)2012年度,乙公司实现净利润3 000万元。

(4)2013年2月16日,乙公司宣告分派2012年度股利,每股分派现金股利0.20元。

(5)2013年3月12日,甲上市公司收到乙公司分派的2012年度的现金股利。

(6)2014年1月4日,甲上市公司出售所持有的全部乙公司的股票,共取得价款5 200万元(不考虑长期股权投资减值及相关税费)。

要求：

根据上述资料,编制甲上市公司长期股权投资的会计分录。

("长期股权投资"科目要求写出明细科目,答案中的金额单位用万元表示)

第六章
Chapter 6

固定资产

一、单选题

1. A 企业 2003 年 12 月购入一项固定资产,原价为 600 万元,采用年限平均法计提折旧,使用寿命为 10 年,预计净残值为零,2007 年 1 月该企业对该项固定资产的某一主要部件进行更换,发生支出合计 400 万元,符合固定资产确认条件,被更换的部件的原价为 300 万元,则对该项固定资产进行更换后的原价为( )万元。

　　A. 210　　　　　　B. 1 000　　　　　　C. 820　　　　　　D. 610

2. 甲公司为增值税一般纳税人,采用自营方式建造一条生产线,实际领用工程物资 351 万元(含增值税)。另外领用本公司所生产的产品一批,账面价值为 360 万元,该产品适用的增值税税率为 17%,计税价格为 390 万元,发生的在建工程人员应付职工薪酬为 222.3 万元,假定该生产线已达到预定可使用状态,不考虑除增值税以外的其他相关税费。该生产线的入账价值为( )万元。

　　A. 948.6　　　　　B. 972.3　　　　　C. 933.3　　　　　D. 1 029.6

3. 不会影响固定资产折旧的因素是( )。

　　A. 原始价值　　　B. 预计净残值　　　C. 固定资产的性能　　　D. 预计使用年限

4. 由于自然灾害等原因造成的在建工程报废或毁损,减去残料价值和过失人或保险公司等赔款后的净损失,应借记的会计科目是( )。

　　A. 在建工程　　　　　　　　　　　　B. 待处理财产损溢
　　C. 营业外支出　　　　　　　　　　　D. 固定资产清理

5. 企业生产车间使用的固定资产发生的下列支出中,直接计入当期损益的是( )。

　　A. 购入时发生的安装费用　　　　　　B. 发生的装修费用

C. 购入时发生的运杂费　　　　　　　　D. 发生的修理费

6. 购入固定资产超过正常信用条件延期支付价款(如分期付款购买固定资产),实质上具有融资性质的,应按所购固定资产购买价款的现值,借记"固定资产"科目或"在建工程"科目,按应支付的金额,贷记"长期应付款"科目,按其差额,借记的会计科目是(　　)。
　　A. 未确认融资费用　　B. 财务费用　　C. 递延收益　　D. 营业外支出

7. 2006年12月31日,AS公司进行盘点,发现有一台使用中的机器设备未入账,该型号机器设备存在活跃市场,市场价格为750万元,该机器八成新。其正确的会计处理方法是(　　)。
　　A. 贷记"待处理财产损溢"科目750万元
　　B. 贷记"待处理财产损溢"科目1 350万元
　　C. 贷记"待处理财产损溢"科目600万元
　　D. 贷记"以前年度损益调整"科目600万元

8. 企业购入一台需要安装的设备,实际支付买价20万,增值税3.4万;另外支付运杂费0.3万,途中保险费0.1万;安装过程中,领用材料一批,成本4万,售价5万,支付安装人员工资2万,该设备达到预定可使用状态时,其入账价值为(　　)万元。
　　A. 30.65　　　　B. 27.08　　　　C. 26.4　　　　D. 30.48

9. 2007年1月1日,AS公司决定对现有生产线进行改扩建,以提高其生产能力。原值2 400万元,已计提折旧750万元。经过五个月的改扩建,完成了对这条生产线的改扩建工程,共发生支出1 200万元,符合固定资产确认条件。被更换的部件的原价为200万元,被更换的部件的折旧为50万元,则对该项生产线进行更换后的原价为(　　)万元。
　　A. 3 450　　　　B. 2 700　　　　C. 3 600　　　　D. 3 000

10. 某企业2006年6月期初固定资产原值10 500万元,6月增加了一项固定资产入账价值为750万元,同时6月减少了固定资产原值150万元,则6月份该企业应提折旧的固定资产原值为(　　)万元。
　　A. 11 100　　　B. 10 650　　　C. 10 500　　　D. 10 350

11. 甲公司的注册资本为150万元。2003年6月25日,甲公司接受乙公司以一台设备进行投资。该台设备的原价为84万元,已计提折旧24.93万元,投资各方经协商确认的价值为45万元,公允价值为40万元,占甲公司注册资本的30%。假定不考虑其他相关税费,甲公司的固定资产入账价值为(　　)万元。
　　A. 40　　　　B. 84　　　　C. 49.07　　　　D. 45

12. 下列应当计提折旧的是(　　)。
　　A. 未提足折旧提前报废的设备　　　　B. 闲置的设备
　　C. 已提足折旧继续使用的设备　　　　D. 经营租赁租入的设备

二、多选题

1. 固定资产的计价标准有( )。
   A. 原始价值
   B. 重置完全价值
   C. 公允价值
   D. 净值
   E. 可变现净值

2. 下列固定资产应计提折旧的有( )。
   A. 融资租入的固定资产
   B. 按规定单独估价作为固定资产入账的土地
   C. 大修理停用的固定资产
   D. 持有待售的固定资产
   E. 未使用的机器设备、房屋及建筑物

3. 下列事项中,应对固定资产账面价值进行调整的有( )。
   A. 为了维护固定资产的正常运转和使用,充分发挥其使用效能,企业将对固定资产进行必要的维护
   B. 企业通过对自有固定资产进行改良,符合资本化条件
   C. 确定原暂估入账固定资产的实际成本
   D. 企业通过对经营租入的设备进行改良,符合资本化条件
   E. 盘亏固定资产

4. 下列经济业务应计入固定资产价值的有( )。
   A. 经营租入固定资产改良支出
   B. 在建工程领用本企业产品应交的消费税
   C. 在建工程领用原材料应交的增值税
   D. 在建工程发生的工程管理费
   E. 在建工程达到预定可使用状态前发生的借款汇兑差额

5. 采用自营方式建造固定资产的情况下,下列项目中应计入固定资产取得成本的有( )。
   A. 工程人员的应付职工薪酬
   B. 工程耗用原材料时发生的增值税
   C. 工程领用本企业商品产品的实际成本
   D. 生产车间为工程提供水电等费用
   E. 工程在达到预定可使用状态前进行试运转时发生的支出

6. 下列固定资产应计提折旧的有( )。
   A. 已全额计提折旧的固定资产
   B. 融资租入的固定资产
   C. 闲置不需用的机器
   D. 待售的固定资产
   E. 以经营租赁方式租入的设备

7. 在采取自营方式建造固定资产的情况下,下列说法正确的有( )。

A. 在建工程负担的职工薪酬,借记"在建工程"科目,贷记"应付职工薪酬"科目

B. 由于自然灾害等原因造成的在建工程报废或毁损的,应按其净损失,借记"营业外支出——非常损失"科目,贷记"在建工程"科目

C. 建设期间发生的工程物资盘亏、报废及毁损净损失,借记"在建工程"科目,贷记"工程物资"科目,盘盈的工程物资或处置净收益,做相反的会计分录

D. 在建工程进行负荷联合试车发生的费用,借记"在建工程"科目,贷记"银行存款"、"原材料"等科目

E. 在建工程进行负荷联合试车形成的产品或副产品对外销售或转为库存商品的,借记"银行存款"、"库存商品"等科目,贷记"在建工程"科目

8. 计提固定资产折旧应借记的会计科目有(　　)。

A. 制造费用　　　　　　　　B. 销售费用
C. 管理费用　　　　　　　　D. 其他业务成本
E. 研发支出

9. 通过"固定资产清理"科目核算的处置固定资产的净损益,可能转入的科目有(　　)。

A. 销售费用　　　　　　　　B. 营业外支出——处置非流动资产损失
C. 营业外支出——非常损失　　D. 营业外收入——处置非流动资产利得
E. 制造费用

三、判断题

1. 对于构成固定资产的各组成部分,如果各自具有不同的使用寿命或者以不同的方式为企业提供经济利益,企业应将各组成部分单独确认为固定资产,并且采用不同的折旧率或者折旧方法计提折旧。(　　)

2. 企业购置的环保设备和安全设备等资产,由于它们的使用不能直接为企业带来经济利益,所以企业不应将其确认为固定资产。(　　)

3. 在不考虑计提固定资产减值准备的情况下,某项固定资产期满报废时,无论采用年限平均法,还是采用加速折旧法,其累计折旧额一定等于该项固定资产应计提折旧总额。(　　)

4. 经营租赁方式租入的固定资产发生的改良支出,应全部记入"经营租入固定资产改良"科目。(　　)

5. 固定资产的大修理费用和日常修理费用,通常不符合固定资产确认条件,金额较小时应当在发生时计入当期管理费用,金额较大时采用预提或待摊方式处理。(　　)

6. 已达到预定可使用状态的固定资产,无论是否交付使用,尚未办理竣工决算的,应当按照估计价值确认为固定资产,并计提折旧;待办理了竣工决算手续后,再按实际成本调整原来的暂估价值,同时调整原已计提的折旧额。(　　)

7. 处于修理、更新改造过程而停止使用的固定资产,符合固定资产确认条件的,应当转入在建工程,停止计提折旧;不符合确认条件的,不应转入在建工程,照提折旧。(　　)

8. 固定资产发生的更新改造支出、房屋装修费用等,符合固定资产确认条件的,应当计入固定资产成本,同时将被替换部分的账面价值扣除。(　　)

四、计算题

1. 甲公司报废设备一台,该设备原值为1 200万元,已提折旧1 000万元,在设备的清理过程中,发生清理费用2万元,设备的残料变卖收入5万元,该设备已清理完毕。

要求:

编制甲公司处置该设备的有关会计分录。

2. 长江股份公司购入一台需要安装的专用设备,发票上注明设备价款50 000元,应交增值税8 500元,支付运输费、装卸费等合计2 100元,支付安装成本800元。以上款项均通过银行支付。

要求:

请做出账务处理。

3. 长江股份公司因生产产品的需要,将厂房交付扩建,以增加实用面积。该厂房原价235 000元,累计折旧85 000元。在扩建过程中,共发生扩建支出43 000元,均通过银行支付,厂房拆除部分的残料作价2 000元。

要求:

做出账务处理。

4. 长江股份有限公司接受一台全新的专用设备的捐赠,捐赠者提供的有关价值凭证上标明的价格117 000元,应交增值税19 890元,办理产权过户手续时支付相关税费2 900元。

要求:

请做出账务处理。

5. 某企业基本生产车间报废设备一台,经批准后进行清理。该设备原价54 000元,使用年限7年,已使用5年又8个月,累计折旧48 000元;以银行存款支付清理费用350元,取得残值收入700元已存入银行,设备已清理完毕。

要求:

(1) 计算该项设备的清理净损益。

(2) 编制全部清理业务的会计分录。

6. 长江公司的一台设备,原始价值为160 000元,预计使用年限5年,预计净残值率为4%。

要求:

(1) 根据上述资料采用年限平均法计算固定资产年折旧率、月折旧率、年折旧额、月折旧额。

(2) 采用双倍余额递减法计算年折旧率和年折旧额。

(3) 采用年数总和法计算年折旧率和年折旧额。

第七章

Chapter 7

无形资产

一、单选题

1. 无形资产是指企业拥有或控制的没有实物形态的可辨认的( )。
   A. 资产　　　　　　B. 非流动性资产　　C. 货币性资产　　D. 非货币性资产

2. 专利权有法定有效期限,一般专利权的有效期限为( )。
   A. 5 年　　　　　　B. 10 年　　　　　　C. 15 年　　　　　D. 20 年

3. 商标权有法定有效期限,一般商标权的有效期限为( )。
   A. 5 年　　　　　　B. 10 年　　　　　　C. 15 年　　　　　D. 20 年

4. 企业自创的专利权与非专利技术,其研究开发过程中发生的支出,应当区分研究阶段支出与开发阶段支出。无法区分研究阶段支出和开发阶段支出,应当将其所发生的研发支出全部费用化,计入当期损益中的( )。
   A. 管理费用　　　　B. 财务费用　　　　C. 营业外支出　　　D. 销售费用

5. 购买无形资产的价款超过正常信用条件延期支付,实质上具有融资性质的,无形资产的成本以购买价款的现值为基础确定。实际支付的价款与购买价款的现值之间的差额,作为( )处理。
   A. 当期损益　　　　B. 待摊费用　　　　C. 应付账款　　　　D. 未确认融资费用

6. 下列各项不属于企业无形资产的是( )。
   A. 商誉　　　　　　B. 专利权　　　　　C. 著作权　　　　　D. 商标权

7. 企业出租无形资产,其租金收入在( )账户中计量。
   A. "主营业务收入"　　　　　　　　　B. "其他业务收入"
   C. "营业外收入"　　　　　　　　　　D. "投资收益"

8. 关于企业内部研究开发项目的支出,下列说法中错误的是( )。
   A. 企业内部研究开发项目的支出,应当区分研究阶段支出与开发阶段支出
   B. 企业内部研究开发项目研究阶段的支出,应当于发生时计入当期损益
   C. 企业内部研究开发项目开发阶段的支出,应确认为无形资产
   D. 企业内部研究开发项目开发阶段的支出,可能确认为无形资产,也可能确认为费用

9. 关于无形资产的后续计量,下列说法中正确的是( )
   A. 使用寿命不确定的无形资产,应该按系统合理的方法摊销
   B. 使用寿命不确定的无形资产,应该按10年摊销
   C. 企业无形资产的摊销方法,应当反映与该项无形资产有关的经济利益的预期实现方式
   D. 无形资产的摊销方法只有直线法

10. 企业取得的已作为无形资产确认的正在进行中的研究开发项目发生的支出,下列说法中正确的是( )。
    A. 应于发生时计入当期损益
    B. 应计入无形资产成本
    C. 属于研究开发项目研究阶段的支出,应当于发生时计入当期损益
    D. 属于研究开发项目开发阶段的支出,应当于发生时计入当期损益

11. 由投资者投资转入的无形资产,应按合同或协议约定的价值,借记"无形资产"账户,按其在注册资本所占的份额,贷记"实收资本"账户,按其差额记入( )账户。
    A. "资本公积——资本溢价"   B. "营业外收入"
    C. "资本公积——其他资本公积"   D. "营业外支出"

12. 当无形资产预期不能为企业带来经济利益时,应当将该无形资产的账面价值全部转入( )账户。
    A. "销售费用"   B. "累计摊销"   C. "管理费用"   D. "营业外支出"

13. 企业摊销无形资产时,借记"管理费用"等账户,贷记( )账户。
    A. "投资收益"   B. "累计摊销"   C. "营业外收入"   D. "无形资产"

14. 下列支出中,不应确认为无形资产的是( )。
    A. 支付的土地使用权出让金
    B. 由于技术先进掌握了生产诀窍而获得的商誉
    C. 自行开发并依法取得专利权发生的注册费和律师费
    D. 吸收投资所取得的专利权

15. 某企业自创一项专利,并经过有关部门审核注册获得其专利权。该项专利权的研究开发费为15万元,其中开发阶段符合资本化条件的支出8万元;发生的注册登记费2万元,律师费1万元。该项专利权的入账价值为( )。
    A. 15万元   B. 21万元   C. 11万元   D. 18万元

16.某企业出售一项3年前取得的专利权,该专利权取得时的成本为20万元,按10年摊销,出售时取得收入40万元,营业税率5%。不考虑城市维护建设税和教育附加费,则出售该项专利时影响当期的损益为(   )。
   A.24万元　　　　　B.26万元　　　　　C.15万元　　　　　D.16万元
17.企业原来没有入账的土地使用权,有偿转让时按规定补交的土地出让金应当(   )。
   A.作为固定资产核算　　　　　　　B.作为长期待摊费用
   C.作为无形资产入账　　　　　　　D.作为当期费用
18.作为无形资产的土地使用权是指(   )。
   A.通过行政划拨获得的土地使用权
   B.按期缴纳土地使用费
   C.将通过行政划拨获得的土地使用权有偿转让,按规定补交的土地出让价款
   D.国有土地依法确定给国有企业使用
19.企业接受投资者投入的无形资产,应按(   )入账。
   A.同类无形资产的价格　　　　　　B.该无形资产可能带来的未来现金流量之和
   C.投资各方合同或协议约定的价值　D.投资方无形资产账面价值
20.在会计期末,股份有限公司所持有的无形资产的账面价值高于其可收回金额的差额,应当计入(   )。
   A.管理费用　　　　B.资产减值损失　　C.其他业务成本　　D.营业外支出

二、多选题

1.无形资产具有的特征是(   )。
   A.无实体性　　B.可辨认性　　C.非货币性　　D.长期性　　E.经营性
2.企业自创商标权过程中发生的相关支出应全部计入当期损益,其中应计入销售费用的有(   )。
   A.宣传广告费　　B.产品保修费　　C.注册登记费　　D.法律咨询费
3.无形资产出售时,应贷记的账户有(   )。
   A."营业外支出"　　　　　　　　B."应交税费"
   C."无形资产"　　　　　　　　　D."营业外收入"
4.无形资产转销时,应借记的账户有(   )。
   A."累计摊销"　　　　　　　　　B."无形资产减值准备"
   C."无形资产"　　　　　　　　　D."营业外支出"
5.出租无形资产的摊销,其摊销额应区分情况分别记入(   )账户。
   A."管理费用"　　　　　　　　　B."其他业务成本"
   C."营业外支出"　　　　　　　　D."待摊费用"
6.在下列各项中,企业应确认为无形资产的有(   )。

A. 购入的专利权

B. 因转让土地使用权补交的土地出让金

C. 自行开发并按法律程序申请取得的无形资产

D. 无偿划拨取得的土地使用权

7. 企业发生下列无形资产项目支出,应于发生时计入当期损益的有(　　)。

A. 培训活动支出

B. 广告和营销活动支出

C. 符合无形资产准则规定的确认条件,构成无形资产成本的部分

D. 非同一控制下企业合并中取得的不能单独确认为无形资产,构成购买日确认的商誉的部分。

8. 关于无形资产处置,下列说法中正确的是(　　)

A. 企业出售无形资产,应当将取得的价款与该无形资产账面价值的差额计入当期损益

B. 企业出售无形资产,应当将取得的价款与该无形资产账面净值的差额计入当期损益

C. 无形资产预期不能为企业带来经济利益的,应当将该无形资产的账面价值予以转销

D. 无形资产预期不能为企业带来经济利益的,也应按原预定方法和使用寿命摊销

9. 关于无形资产的摊销,下列说法中正确的有(　　)。

A. 使用寿命有限的无形资产,其应摊销额应当在使用寿命内系统合理摊销

B. 企业摊销无形资产,应当自无形资产可供使用时起,至不再作为无形资产确认时为止

C. 无形资产摊销期限不超过 10 年

D. 使用寿命有限的无形资产一定无残值

10. 企业内部研究开发项目开发阶段支出,同时满足(　　)条件的,才能成为无形资产。

A. 归属于该无形资产开发阶段的支出能够可靠计量

B. 有足够的技术、财务资源和其他资源支持,以完成该无形资产开发,并有能力使用或出售该无形资产

C. 具有完成该无形资产并使用或出售的意图

D. 完成该无形资产以使其能够使用或出售在技术上具有可行性

E. 无形资产产生经济利益的方式,包括能够证明运用该无形资产生产的产品存在市场或无形资产自身存在市场,无形资产将在内部使用的,应当证明其有用性。

11. 下列关于无形资产的会计处理中,不正确的有(　　)。

A. 转让无形资产使用权所取得的收入应计入其他业务收入

B. 使用寿命确定无形资产摊销只能采用直线法

C. 转让无形资产所有权所发生的支出应计入营业外支出

D. 使用寿命不确定的无形资产不应摊销

E. 使用寿命不确定的无形资产,既不应摊销又不应考虑减值

12. 下列各项中,会引起无形资产账面价值发生增减变动的有( )。
A. 对无形资产计提减值准备　　　　B. 发生无形资产后续支出
C. 摊销无形资产　　　　　　　　　D. 转让无形资产所有权
E. 转让无形资产使用权

13. 关于无形资产的确认,应同时满足的条件有( )。
A. 符合无形资产定义　　　　　　　B. 与该资产有关的经济利益很可能流入企业
C. 该无形资产的成本能够可靠地计量　D. 必须是企业外购的

14. 关于无形资产的初始计量,下列说法中正确的有( )。
A. 外购的无形资产,其成本包括购买价款、相关税费以及直接归属于使该资产达到预定用途所发生的其他支出
B. 购入无形资产超过正常信用条件延期支付价款,实质上具有融资性质的,应按所购无形资产购买价总额入账
C. 投资者投入无形资产的成本,应当按投资合同或协议约定的价值确定,合同或协议约定价值不公允的除外
D. 企业取得的土地使用权,应作为无形资产核算,一般情况下,当土地使用权用于自行开发建造厂房等地上建筑物时,相关的土地使用权账面价值不转入在建工程成本

三、判断题

1. 无形资产的可辨认性特征是区别于商誉的显著标志,其非货币性特征是区别于债权的显著标志。( )
2. 专利权和商标权均有法定有效期限,且到期时均不得继续申请延长注册期。( )
3. 著作权又称版权,是指著作权人对其著作依法享有的出版、发行方面的专有权利,不包括修改权、保护作品完整权等。( )
4. 会计准则规定,企业拥有的专利权、商标权、非专利技术、著作权、土地使用权和特许权都应确认为无形资产核算。( )
5. 会计准则规定,企业自创商誉以及内部产生的品牌、报刊名等,不应确认为无形资产。( )
6. 企业自创商标权过程中发生的注册登记费应当计入管理费用。( )
7. 企业合并取得的无形资产,其公允价值能够可靠计量的,应当单独确认为无形资产并按公允价值计量,公允价值不能可靠取得的,应不予以确认。( )
8. 投资者投入、接受捐赠、非货币性资产交换以及债务重组取得的无形资产,其账务处理与固定资产相同。( )
9. 无论无形资产使用寿命是否有限,均应进行摊销。( )
10. 企业出售无形资产,应当将取得的价款与该无形资产账面价值的差额计入当期营业外收入。( )

11. 无形资产销售与转销所发生的损益属于营业外损益,而无形资产出租所发生的损益则属于营业损益。（　）

12. 无形资产出租所发生的技术指导费、人员培训费、手需费、律师费、差旅费和印花税等初始直接费用以及因无形资产出租而发生的营业税等,应当记入"其他业务成本"账户。（　）

13. 无形资产减值损失确认后,减值无形资产的摊销应当在未来期间作相应调整,以使该无形资产在剩余使用寿命内,系统地分摊调整后的无形资产账面价值。（　）

14. 用于出租或增值的土地使用权属于投资性房地产,不属于无形资产。（　）

15. 无形资产的后续支出,应区分不同情况在发生当期确认为资本化或计入当期损益。（　）

16. 企业应将其所拥有的一切专利权均予以资本化,作为无形资产核算。（　）

17. 企业将土地使用权作为无形资产核算,待实际开发时一次性地将账面价值结转到自建项目的工程成本。（　）

18. 企业开发阶段发生的支出应全部资本化,计入无形资产成本。（　）

四、计算题

1. A公司2009年1月1日从B公司购入一项专利权,以银行存款支付买价和有关费用共计100万元。该专利权自可供使用时起至不再作为无形资产确认时止的年限为10年,假定A公司于年末一次计提全年无形资产摊销。2011年1月1日A公司将此项专利出售给C公司,取得收入90万元存入银行,该项收入适用的营业税税率为5%（不考虑其他税费）。

要求：
(1)编制A公司购买专利权的会计分录。
(2)计算该项专利权的年摊销额并编制有关会计分录。
(3)编制与该专利权转让有关的会计分录并计算转让的净损益。

2. M公司2010年10月起自行研究开发一项专利。当年主要从事调查、评价,发生费用30 000元,根据研究结果,2011年正式进行专利技术开发,当年发生费用200 000元,在申请专利权过程中,又发生注册费、律师费等相关费用15 000元。

要求：
(1)计算无形资产的入账成本。
(2)编制研究开发该项专利权的相关会计分录。

第八章
Chapter 8

投资性房地产

一、单选题

1. 下列各项中,不属于投资性房地产的是(   )。
   A. 已出租的建筑物   B. 持有并准备增值后转让的土地使用权
   C. 已出租的土地使用权   D. 持有以备增值后转让的建筑物

2. 企业对投资性房地产采用成本模式计量的投资性房地产的折旧,下列说法不正确的是(   )。
   A. 当月增加的投资性房地产当月不计提折旧
   B. 当月减少的投资性房地产当月不计提折旧
   C. 当月增加的投资性房地产下月起计提折旧
   D. 当月减少的投资性房地产下月起不计提折旧

3. 企业对投资性房地产采用成本模式计量。企业的一幢写字楼因原客户退租又未与新的客户签订租赁协议而暂时空置,对该写字楼应当(   )。
   A. 停止计提折旧   B. 继续计提折旧
   C. 减半计提折旧   D. 计提减值准备

4. 一企业对投资性房地产采用成本模式计量,并且投资性房地产不属于该企业的主营业务,计提的折旧费用或摊销费用应当计入(   )。
   A. 管理费用   B. 制造费用
   C. 其他业务成本   D. 营业外支出

5. 采用成本模式进行后续计量的企业,关于投资性房地产的会计处理,下列说法中不正确的是(   )。

A. 应当按规定计提折旧或摊销　　　　　B. 折旧或摊销计入其他业务成本
C. 取得的租金记入其他业务收入　　　　D. 不得再转为公允价值模式计量

6. 企业外购、自行建造的投资性房地产,应当按投资性房地产准则确定的成本借记( )科目,贷"银行存款"、"在建工程"。
　　A. 投资性房地产　　B. 固定资产　　C. 在建工程　　D. 无形资产

7. 企业对以公允价值模式进行后续计量的投资性房地产取得的租金收入,应该贷记( )。
　　A. 投资收益　　B. 管理费用　　C. 营业外收入　　D. 其他业务收入

8. 若企业采用成本模式对投资性房地产进行后续计量,下列说法正确的有( )。
　　A. 企业应对已出租的建筑物计提折旧
　　B. 企业不应对已出租的建筑物计提折旧
　　C. 企业应对已出租的土地使用权进行摊销
　　D. 企业不应对已出租的土地使用权进行摊销

9. 企业采用公允价值模式对投资性房地产进行后续计量,下列不是应当满足的条件的是( )。
　　A. 投资性房地产所在地有活跃的房地产交易市场
　　B. 企业能够从活跃的交易市场上取得同类或类似房地产的价格信息及其他相关信息,从而对投资性房地产的公允价值作出合理的估计
　　C. 企业所有的投资性房地产公允价值都能够持续可靠的取得
　　D. 企业所有资产的公允价值都能够持续可靠的取得

10. 长城公司于2010年1月1日将一幢商品房对外出租并采用公允价值模式计量,租期为3年,每年12月31日收到租金200万元。出租时,该商品房成本为5 000万元,公允价值为5 400万元,2010年12月31日,该幢商品房公允价值为5 300万元。长江公司2010年应确认的公允价值变动损失为( )元。
　　A. 损失100万　　B. 收益300万　　C. 收益300万　　D. 损失200万

二、多选题

1. 下列各项中,属于投资性房地产的有( )。
　　A. 企业生产车间的建筑物　　　　　B. 企业以经营租赁方式租出的办公大楼
　　C. 房地产开发商正在开发的商品房　D. 企业持有的拟增值后转让的土地使用权

2. 下列各项中,不影响企业当初损益的有( )。
　　A. 采用成本模式计量,期末投资性房地产的可收回金额高于账面价值
　　B. 采用成本模式计量,期末投资性房地产的可收回金额高于账面余额
　　C. 采用公允价值模式计量,期末投资性房地产的公允价值高于账面余额
　　D. 自用的房地产转换成公允价值模式计量的投资性房地产时,转换日房地产的公允价值

大于账面价值

3.下列各项中,属于投资性房地产确认条件的有(　　)。
　A.相关经济利益很可能流入企业　　　B.成本能够可靠计量
　C.自用房地产　　　　　　　　　　　D.作为存货的房地产
4.投资性房地产的后续支出如果是资本化的后续支出可能计入(　　)。
　A.在建工程　　　　　　　　　　　　B.投资性房地产
　C.其他业务成本　　　　　　　　　　D.其他业务收入
5.关于投资性房地产后续计量模式的转换,下列说法不正确的是(　　)。
　A.成本模式转为公允价值模式的,应当作为会计政策变更
　B.已经采用成本模式计量的投资性房地产,可以从成本模式转为公允价值模式
　C.非投资性房地产转换为投资性房地产,应当作为会计政策变更
　D.已经采用公允价值模式计量的投资性房地产,不得从公允价值模式转为成本模式
6.下列各项中,说法不正确的是(　　)。
　A.采用成本模式计量的投资性房地产的折旧(或摊销)费用应计入其他业务成本
　B.企业处置投资性房地产时,应当将处置收入计入其他业务收入
　C.企业处置采用公允价值模式计量的投资性房地产时,原转换日计入资本公积的金额,应转入投资收益
　D.企业处置采用公允价值模式计量的投资性房地产时,应当将累计公允价值变动转入其他业务成本

三、计算题

1.2006年6月20日某房地产开发公司将一幢写字楼对外出租给C公司使用,租赁期开始日为2006年7月1日。写字楼的实际建造成本为46 000万元。到2006年6月30日,该写字楼累计计提折旧5 750万元,该房地产开发公司对投资性房地产采用公允价值模式计量。2006年7月1日,写字楼的公允价值为42 000万元;2006年12月31日,写字楼的公允价值为41 000万元;2007年12月31日,写字楼的公允价值为44 000万元。2008年6月30日,租赁期满,房地产开发公司收回写字楼,并以45 000万元售出,价款已收存银行。假定不考虑相关税费。

要求:
做出账务处理。

2.新世界电子有限公司于2000年12月31日在自有土地上建成一座厂房,此在建工程账面成本为180万元(摊销期限20年,按平均年限法摊销,预计无残值),建成初衷是作为自用的车间。但由于产品销路不畅,于2002年1月1日将此厂房出租,出租时公允价值为200万元,租期10年。2005年按国家规定安装相关消防设备花费8万元。2012年1月1日到期后将此厂房改建为第五车间,此时公允价值为135万元。

要求：
分别用成本模式与公允价值模式进行账务处理。

第九章
Chapter 9

资产减值

一、单选题

1. 下列各项资产中，不在资产减值准则中规范的是(　　)。
   A. 持有至到期投资 B. 无形资产
   C. 商誉 D. 资产组组合

2. 下列资产减值准备中，在相应的持有期间内可以转回的是(　　)。
   A. 固定资产减值准备 B. 可供出售金融资产减值准备
   C. 商誉减值准备 D. 长期股权投资减值准备

3. 计提固定资产减值准备中，借记的会计科目是(　　)。
   A. 营业外支出 B. 投资收益
   C. 资产减值损失 D. 管理费用

4. 下列资产中，每年必须进行减值测试的是(　　)。
   A. 使用寿命不确定的无形资产 B. 长期股权投资
   C. 使用寿命有限的无形资产 D. 固定资产

5. 甲公司2007年开始研发某专利权，研究费用支付了300万元，开发费用支付了700万元(假定此开发费用均符合资本化条件)，该专利权于当年7月1日达到预定可使用状态，注册费用和律师费用共支付了80万元，会计上采用5年期直线法摊销，预计5年后该专利可售得30万元。2009年末该专利权因新技术的出现发生减值，预计可收回金额为330万元，预计到期时的处置净额降为10万元。2010年末因新技术不成熟被市场淘汰，甲公司的专利权价值有所恢复，经估计，专利权的可收回价值为620万元，处置净额仍为10万元。则2011年末此专利权的"累计摊销"金额为(　　)万元。

A. 631　　　　B. 652　　　　C. 675　　　　D. 613

6. A公司拥有的一项固定资产出现减值迹象,该固定资产剩余使用年限为4年,根据公司管理层批准的财务预算,A公司将于第3年对该资产进行改良。如果不考虑改良的影响,该资产平均每年产生的现金流量为100万元,如果考虑改良的影响,完工后第3年、第4年的净现金流量分别为200万元和150万元。假定计算该生产线未来现金流量的现值时适用的折现率为5%,已知部分时间价值系数如下:

年数	1年	2年	3年	4年
5%的复利现值系数	0.9524	0.9070	0.8638	0.8227

假定有关现金流量均发生于年末,不考虑其他因素,则该项资产的预计未来现金流量的现值为( )万元(计算结果保留两位小数)。

A. 354.59　　　B. 400　　　　C. 550　　　　D. 482.11

7. 2008年1月1日,A公司以银行存款400万元购入一项无形资产,预计使用年限为10年,采用直线法摊销。2008年末该项无形资产出现减值迹象,其可收回金额为270万元,2009年末该项无形资产又出现减值迹象,其可收回金额为255万元。假定该项无形资产计提减值准备后,原预计使用年限、摊销方法不变。假定不考虑其他因素,考虑减值后A公司该项无形资产在2009年末的账面价值为( )万元。

A. 255　　　　B. 270　　　　C. 240　　　　D. 15

8. 2009年12月31日,X公司对一条存在减值迹象的生产线进行减值测试,该生产线的资料如下:该生产线由A、B、C三台设备组成,被认定为一个资产组;A、B、C三台设备的账面价值分别为80万元、100万元和70万元,三台设备的使用寿命相等。减值测试表明,A设备的公允价值减去处置费用后的净额为50万元,B和C设备均无法合理估计其公允价值减去处置费用后的净额以及未来现金流量的现值;该生产线的可收回金额为200万元。不考虑其他因素,A设备应分摊的减值损失为( )万元。

A. 16　　　　B. 40　　　　C. 14　　　　D. 30

二、多选题

1. 企业在计提了固定资产减值准备后,下列会计处理正确的有( )。
A. 固定资产预计使用寿命变更的,应当改变固定资产折旧年限
B. 固定资产所含经济利益预期实现方式变更的,应改变固定资产折旧方法
C. 固定资产预计净残值变更的,应当改变固定资产的折旧方法
D. 以后期间如果该固定资产的减值因素消失,可按不超过原来计提减值准备的金额予以转回

2. 下列资产项目中,应按资产减值准则的有关规定进行会计处理的有( )。
A. 对子公司的长期股权投资

B. 采用成本模式进行后续计量的投资性房地产

C. 可供出售金融资产

D. 采用公允价值模式进行后续计量的投资性房地产

3. 下列关于总部资产减值测试的说法中正确的有(　　)。

A. 总部资产一般难以脱离其他资产或资产组产生独立的现金流入

B. 商誉应当结合与其相关的资产组或资产组组合进行减值测试

C. 为进行减值测试,对于因企业合并形成的商誉的账面价值,企业应该自购买日起按照合理的方法将其分摊至企业所有的资产组或资产组组合

D. 对总部资产进行减值测试,只能按照将总部资产的账面价值全部分摊至相关的资产组这一种方法进行

三、计算题

1. XYZ 公司有关资产资料如下:

(1) XYZ 公司有一条电子产品生产线,由 A、B、C 三项设备构成,初始成本分别为 60 万元、90 万元和 150 万元,使用年限均为 10 年,预计净残值均为零,均采用年限平均法计提折旧,至 2008 年末该生产线已使用 5 年。整条生产线构成完整的产销单位,属于一个资产组。

(2) 2008 年该生产线所生产的电子产品有替代产品上市,截至年底导致公司生产的电子产品销路锐减 40%,因此,公司于年末对该条生产线进行减值测试。

(3) 2008 年末,XYZ 公司估计该生产线的公允价值为 84 万元,估计相关处置费用为 3 万元,预计未来现金流量的现值为 90 万元。另外,A 设备的公允价值减去处置费用后的净额为 22.5 万元,B、C 两项设备都无法合理估计其公允价值减去处置费用后的净额以及未来现金流量的现值。

(4) 整条生产线预计尚可使用 5 年。

要求:

(1) 计算资产组和各项设备的减值损失。

(2) 编制有关会计分录。

2. ABC 高科技公司(简称 ABC 公司)拥有 A、B、C 三个资产组,在 2009 年末,这三个资产组的账面价值分别为 100 万元、150 万元和 200 万元,没有商誉。这三个资产组为三条生产线,预计剩余使用寿命分别为 10 年、20 年和 20 年,采用直线法计提折旧。由于 ABC 公司的竞争对手通过技术创新推出了更高技术含量的产品,受到市场欢迎,从而对 ABC 公司产品产生了重大不利影响,为此,ABC 公司于 2009 年末对各资产组进行减值测试。已知 ABC 公司的经营管理活动由总部负责,总部资产包括一栋办公大楼和一个研发中心,其中办公大楼的账面价值为 150 万元,研发中心的账面价值为 50 万元。办公大楼的账面价值可以在合理和一致的基础上分摊至各资产组,但是研发中心的账面价值难以在合理和一致的基础上分摊至各相关资产组。对于办公大楼的账面价值,企业根据各资产组的账面价值和剩余使用寿命加权平均计

算的账面价值分摊比例进行分摊。ABC公司计算得到的资产组A的未来现金流量现值为199万元,资产组B的未来现金流量现值为164万元,资产组C的未来现金流量现值为271万元,包括研发中心在内的最小资产组组合(ABC公司)的未来现金流量现值为720万元。假定各资产组的公允价值减去处置费用后的净额难以确定。

要求:

判定资产组A、B、C和总部资产是否发生减值,如果发生减值,计算相应的减值损失金额为多少。(计算结果只保留整数,小数位四舍五入)

第十章

Chapter 10

负 债

一、单选题

1. 企业在资产负债表日,按合同利率计提短期借款利息费用时的会计处理为( )。
   A. 借记"短期借款"科目,贷记"应付利息"科目
   B. 借记"财务费用"科目,贷记"短期借款"科目
   C. 借记"财务费用"科目,贷记"应付利息"科目
   D. 借记"应付利息"科目,贷记"财务费用"科目

2. 假设企业每月末计提利息,2007年1月1日向银行借款100 000元,期限6个月,年利率6%。按银行规定一般于每季度末收取短期借款利息,2007年3月份企业对短期借款利息应当作( )会计处理。

   A. 借:财务费用   500
     贷:银行存款   500

   B. 借:财务费用   1 500
     贷:银行存款   1 500

   C. 借:财务费用   1 000
      应付利息   500
     贷:银行存款   1 500

   D. 借:财务费用   500
      应付利息   1 000
     贷:银行存款   1 500

3. 下列有关应付票据处理的表述中,不正确的是( )。

A. 企业开出并承兑商业汇票时,应按票据的到期值贷记"应付票据"
B. 企业支付的银行承兑手续费,计入当期"财务费用"
C. 应付票据到期支付时,按票面金额结转
D. 企业到期无力支付的商业承兑汇票,应按票面金额转入"应付账款"

4. 期末,应付票据按其面值和票面利率计提利息时,应做的会计分录是( )。
    A. 借记"财务费用"科目,贷记"应付利息"科目
    B. 借记"管理费用"科目,贷记"应付利息"科目
    C. 借记"财务费用"科目,贷记"应付票据"科目
    D. 借记"管理费用"科目,贷记"应付票据"科目

5. 某企业以一张期限为6个月的商业承兑汇票支付货款,票面价值为100万元,票面年利率为6%。该票据到期时,企业应支付的金额为( )万元。
    A. 106　　　　B. 104　　　　C. 103　　　　D. 100

6. 某企业于2007年3月2日,从A公司购入一批产品并已验收入库。增值税专用发票上列明,该批产品的价款为100万元,增值税额为17万元。合同中规定的现金折扣条件为:2/10,1/20,n/30。假定计算现金折扣时不考虑增值税。该企业在2007年3月21日付清货款时,该企业应享受的现金折扣的金额应为( )万元。
    A. 1.17　　　　B. 1　　　　C. 1.12　　　　D. 1.35

7. 如果企业不设置"预收账款"账户,应将预收的货款计入( )。
    A. 应收账款的借方　　　　B. 应收账款的贷方
    C. 应付账款的借方　　　　D. 应付账款的贷方

8. 企业从职工工资中代扣代缴的职工个人所得税,应借记的会计科目是( )。
    A. 其他应付款　　　　B. 应付职工薪酬
    C. 银行存款　　　　D. 应交税费——应交所得税

9. A公司建造办公楼领用外购原材料10 000元,原材料购入时支付的增值税为1 700元。因火灾毁损库存商品一批,其实际成本20 000元,经确认损失外购材料的增值税3 400元。则A公司计入"应交税费——应交增值税(进项税额转出)"科目的金额为( )元。
    A. 680　　　　B. 1 020　　　　C. 1 700　　　　D. 5 100

10. 委托加工的应税消费品收回后连续进行生产应税消费品的,由受托方代扣代缴的消费税,委托方应借记的会计科目是( )。
    A. 委托加工物资　　　　B. 营业税金及附加
    C. 应交税费——应交消费税　　　　D. 受托加工物资

11. 下列税金中,不应计入存货成本的有( )。
    A. 由受托方代扣代缴的委托加工直接用于对外销售的商品负担的消费税
    B. 一般纳税企业进口原材料交纳的进口关税

C. 小规模纳税企业购进货物应交纳的增值税
D. 由受托方代扣代缴的委托加工继续用于生产应纳消费税的商品负担的消费税

12. 某企业转让一项专利技术,取得的转让收入应交纳的相关税费是(   )。
    A. 消费税   B. 增值税   C. 营业税   D. 不用交税

13. 某企业出售一项专利权,取得收入 400 000 元已存入银行,该无形资产原值 960 000 元,已累计摊销 576 000 元,已提无形资产减值准备 4 000 元,出售过程中支付印花税 8 400 元。销售该资产适用的营业税税率为 5%,其应交营业税为(   )元。
    A. 20 000   B. 11 520   C. 228   D. 312

14. 某企业出售一项固定资产应交的营业税,应借记的会计科目是(   )。
    A. 其他业务成本   B. 营业税金及附加
    C. 固定资产清理   D. 营业外支出

15. 某企业将自产的资源税应税矿产品用于企业的产品生产,计算出的应交资源税应计入(   )。
    A. 营业税金及附加   B. 主营业务成本
    C. 生产成本   D. 管理费用

16. 企业按规定计算缴纳的下列税金,应当计入相关资产成本的是(   )。
    A. 印花   B. 车辆购置税   C. 土地使用   D. 城市维护建设税

17. 某企业为增值税一般纳税人,2006 年实际已交纳税金情况如下:增值税 1 700 万元,消费税 1 300 万元,耕地占用税 160 万元,车船税 1 万元,印花税 3 万元,所得税 240 万元。上述各项税金应计入"应交税费"科目借方的金额是(   )万元。
    A. 3 381   B. 3 241   C. 3 243   D. 3 244

18. 某企业本期实际应上交增值税 40 000 元,消费税 20 000 元,营业税 40 000 元,土地增值税 20 000 元。该企业适用的城市维护建设税税率为 7%,则该企业应交的城市维护建设税为(   )元。
    A. 4 200   B. 5 600   C. 7 000   D. 8 400

19. 下列项目中,不属于其他应付款核算范围的有(   )。
    A. 应付管理人员工资   B. 应付经营租入固定资产租金
    C. 应付租入包装物租金   D. 应付、暂收所属单位、个人的款

20. 甲企业 2007 年 1 月 1 日以 630 万元的价格发行 5 年期债券 600 万元。该债券到期一次还本付息,票面年利率为 5%。则甲企业 2008 年 12 月 31 日应计入"应付债券——应计利息"科目的数额为(   )万元。
    A. 30   B. 31.5   C. 60   D. 63

二、多选题

1. 下列经济业务或事项中,属于负债的是(   )。

A. 预收账款 B. 应交的教育费附加
C. 应付经营租入的固定资产租金 D. 借款计划

2. 下列关于应付账款的处理中,正确的是( )。
A. 货物与发票账单同时到达,待货物验收入库后,按发票账单登记入账
B. 货物已到但发票账单未同时到达,待月份终了时暂估入账
C. 应付账款一般按到期应付金额的现值入账
D. 如果购入的资产在形成一笔应付账款时是带有现金折扣的,则获得的现金折扣冲减财务费用。

3. 企业在"应交税费——应交增值税"科目借方设置的专栏有( )。
A. 销项税额　　B. 进项税额　　C. 进项税额转出　　D. 已交税金

4. 下列各项,增值税一般纳税人需要转出进项税额的有( )。
A. 自制产成品用于集体福利 B. 外购的货物用于分配给股东
C. 外购的货物发生非正常损失 D. 外购的生产用原材料改用于自建厂房

5. 企业按规定交纳营业税的项目有( )。
A. 销售商品取得收入 B. 销售不动产取得收入
C. 出租无形资产取得收入 D. 提供运输劳务取得收入

6. 企业交纳的下列税费中,应通过"应交税费"科目核算的有( )。
A. 城市维护建设税　　B. 财产保险费　　C. 车船税　　D. 耕地占用税

7. 为取得固定资产发生的下列税费中,应该计入企业固定资产价值的有( )。
A. 房产税　　B. 车船税　　C. 车辆购置税　　D. 契税

8. 下列税金中,企业应计入"管理费用"的税费有( )。
A. 土地使用税　　B. 印花税　　C. 房产税　　D. 耕地占用税

9. 下列各项中,应通过"应付职工薪酬"科目核算的项目有( )。
A. 职工工资 B. 解除劳务关系给予的补偿
C. 职工的社会保险费 D. 职工离职后提供给职工的非货币性福利

10. 下列各项中,可以计入利润表"营业税金及附加"项目的有( )。
A. 增值税 B. 城市维护建设税
C. 教育费附加 D. 矿产资源补偿费

11. 长期借款所发生的利息支出,可能借记的科目有( )。
A. 在建工程　　B. 销售费用　　C. 管理费用　　D. 财务费用

12. "应付债券"账户的贷方反映的内容有( )。
A. 债券发行时产生的债券折价 B. 债券溢价的摊销
C. 期末计提应付债券利息 D. 债券的发行费用

三、判断题

1. 应付票据是指企业购买材料、商品和接受劳务供应等而开出、承兑的商业汇票,包括商业承兑汇票和银行承兑汇票。(   )
2. 企业在计算短期借款利息时,可以随意选择利率计提利息。(   )
3. 企业开出并承兑带息商业汇票时,应按其到期应付金额贷记"应付票据"。(   )
4. 企业到期无力偿付的银行承兑汇票,应按其账面余额转入"应付账款"。(   )
5. 企业购入货物验收入库后,若发票账单尚未收到,应在月末按照估计的金额确认一笔负债,反映在资产负债表有关负债项目内。(   )
6. 企业预收账款业务不多时,可以不设置"预收账款"科目,直接计入"应付账款"科目的借方科目。(   )
7. 预收账款虽然与应付账款均属于负债项目,但与应付账款不同,它通常不需要以货币偿付。(   )
8. 企业在折扣期内付款享受的现金折扣应增加当期的财务费用。(   )
9. 资产负债表上的应付账款项目是根据应付账款总账科目余额填列。(   )
10. 职工离职后,企业提供给职工的全部货币性薪酬和非货币性福利,不应通过"应付职工薪酬"科目核算。(   )
11. 企业以自己生产的产品用于在建工程,由于会计核算时不作销售处理,因此不需交纳增值税。(   )
12. 小规模纳税企业购入货物无论是否具有增值税专用发票,其支付的增值税额均不计入进项税额,不得由销项税额抵扣,而计入购入货物的成本。(   )
13. 一般纳税人购入货物或接受劳务在取得规定的凭证后均可以抵扣进项税额。(   )
14. 企业提供运输劳务取得的收入,应该缴纳增值税。(   )
15. 企业取得一项固定资产,支付价款10 000元,发生的增值税为1 700元,印花税500元,车船税100元,则该项固定资产的入账价值为12 300元。(   )
16. 企业应付各种赔款、应付租金、应付存入保证金等应在"其他应付款"等科目核算。(   )

四、计算题

1. 2006年2月5日,A公司销售一批产品给B公司,款项尚未收到。双方约定,B公司应于2006年9月30日付款。2006年4月1日,A公司因急需流动资金,经与中国银行协商,以应收B公司货款为质押取得3个月期限的流动资金借款200 000元,年利率为6%,利息月末计提,到期一次还本付息。假定不考虑其他因素。

要求:
编制A公司相关的账务处理。

2. 甲企业于2006年5月4日从某公司购入一批产品并已验收入库。增值税专用发票上注明该批产品的价款为 250 万元,增值税额为 42.5 万元。合同中规定的现金折扣条件为 2/10,1/20,n/30,假定计算现金折扣时不考虑增值税。该企业在 2006 年 5 月 21 日付清货款。

要求:
编制该公司的相关会计处理。

3. A 企业预售产品给 B 企业,要求 B 企业预付 75 000 元,一个月后,A 企业将产品发往 B 企业,开出的发票上注明价款 100 000 元,增值税 17 000 元,B 企业以银行存款支付剩余货款。

要求:
做出 A 企业相关的会计分录。

4. 某企业计算本月应付职工工资总额 231 000 元,当年支付生产工人工资 160 000 元,车间管理人员工资 35 000 元,厂部管理部门人员工资 30 200 元,销售人员工资 5 800 元,代扣代缴个人所得税 3 000 元,实发工资 228 000 元。

要求:
编制该企业的相关会计处理的分录。

5. 某大型工业企业 2006 年 5 月初"应交税费"账户贷方余额为 10 000 元,当月发生下列相关业务,增值税适用税率 17%:

(1)购入一批原材料,价款 150 000 元,增值税 25 500 元,以银行存款支付,材料已验收入库。

(2)销售一批应税消费品,价款 300 000 元,增值税 51 000 元,收到的款项存入银行,消费税适用税率 10%。

(3)领用一批原材料用于在建工程,材料实际成本为 60 000 元,购入时承担的增值税额为 10 200 元。

(4)出售一项专利技术,该无形资产的账面价值为 270 000 元,收到款项 330 000 元存入银行,营业税适用税率为 5%。

要求:
编制以上会计业务的分录。

6. 某企业经批准从 2007 年 1 月 1 日起发行 2 年期面值为 10 元的债券 80 000 张,按照面值发行,债券年利率为 5%(实际利率与合同利率一致),每年 7 月 1 日和 1 月 1 日为付息日,该债券所筹资金全部用于新生产线的建设,该生产线于 2008 年 6 月底完工交付使用,债券到期后全部一次归还本金。

要求:
编制该企业从债券发行到债券到期的全部会计分录。

五、综合题

1. 大明公司为增值税一般纳税企业,适用的增值税税率为 17%,消费税税率为 10%,营业税税率为 5%,存货收发采用实际成本核算。该企业 2006 年发生下列经济业务:

(1)从一般纳税企业购入一批原材料,增值税专用发票上注明的原材料价款为100万元,增值税17万元,货款已经支付,另购入材料过程中支付运费10 000元(进项税额按7%的扣除率计算),材料已经到达并验收入库。

(2)销售一批商品,增值税专用发票上注明的价款为200 000元,增值税额为34 000元,提货单和增值税专用发票已交购货方,并收到购货方开出并承兑的商业承兑汇票。

(3)在建工程领用一批生产用库存原材料,材料成本为10 000元,应由该批原材料负担的增值税额为1 700元。

(4)对外提供安装劳务,取得收入100 000元存入银行,确认收入并计算应交营业税。

(5)转让一项专利权,收入100 000元存入银行,该专利权转让时的摊余价值为60 000元。

(6)向华清公司销售一批应税消费品100 000元,增值税17 000元,收到款项存入银行,该批产品的实际成本为80 000元。

(7)用银行存款30 000元缴纳增值税,其中包括上月欠交增值税5 000元。

要求:编制上述业务的会计分录("应交税费"科目要求写出明细科目及专栏名称,答案中的金额单位用元表示)。

2. 甲企业为增值税一般纳税工业企业,其适用增值税税率为17%,2006年9月发生如下经济业务:

(1)9月1日,购入一批工程用原材料,价款为50万元,增值税额为8.5万元,并开出3个月商业承兑汇票,该票据为带息票据,票面利率8%,于月末计算应付利息。

(2)9月3日,企业收到乙公司预付货款10万元。

(3)9月10日,企业向乙公司发出30万元的货物,成本为25万元;乙公司已验收入库,并支付了剩余货款及增值税5.1万元。

(4)9月15日,企业转让专利所有权,取得转让收入10万元,存入银行,该专利权账面原值16万元,已摊销4万元,计提减值准备6万元,该企业适用营业税税率为5%。

(5)9月28日,经过核算,该月应付生产工人工资30万元,车间管理人员工资16万元,厂部管理人员工资4万元,工程人员工资2万元。企业全部以银行存款支付工资。

(6)9月30日,计算应付利息。

要求:
根据上述经济业务编制甲企业会计分录。

第十一章
Chapter 11

所有者权益

一、单选题

1. 股份有限公司采用溢价发行股票方式筹集资本,其股本科目所登记的金额是( )。
   A. 实际收到的款项
   B. 实际收到款项减去应付证券商的费用
   C. 股票面值与股份总数的乘积
   D. 实际收到款项加上应付证券商的费用

2. 甲公司收到某单位作价投入的一批原材料,该批原材料实际成本为225 000元,双方确认的价值为230 000元,经税务部门认定应交的增值税为39 100元,甲企业应记入"实收资本"科目的金额为( )元。
   A. 230 000   B. 269 100   C. 225 000   D. 263 250

3. 某企业2011年年初未分配利润为-4万元。2011年年末该企业税前利润为54万元,其所得税率为25%,本年按净利润的10%、5%分别提取法定盈余公积、任意盈余公积,向投资者分配利润10.5万元。若该企业用税前利润弥补亏损,则2011年年末分配利润为( )万元。
   A. 35   B. 29.75   C. 18.73   D. 21.38

4. 某有限责任公司由A、B两个股东各出资50万元而设立,设立时实收资本为100万元。经过三年营运,该公司盈余公积和未分配利润合计为50万元,这时C投资者有意参加,经各方协商以90万元出资占该公司所有者权益总额的1/3比例,该公司在接受C投资者投资时,应借记"银行存款"科目90万元,贷记( )。
   A. "实收资本"科目90万元

B. "实收资本"科目75万元,"资本公积"15万元
C. "实收资本"科目50万元,"资本公积"40万元
D. "实收资本"科目65万元,"资本公积"25万元

5. 有限责任公司在增资扩股时,如果新投资者介入,新介入的投资者缴纳的出资额大于其按约定比例计算的其在注册资本中所占的份额部分,作为（　　）处理。
   A. 盈余公积　　　　B. 实收资本　　　　C. 未分配利润　　　　D. 资本公积

6. 下列会计事项,会引起企业所有者权益总额发生变化的是（　　）。
   A. 从净利润中提取盈余公积　　　　B. 向投资者分配股票股利
   C. 向投资者分配现金股利　　　　D. 用任意盈余公积转增资本

7. 甲股份有限公司注册资本为2 500万元,2011年实现的净利润400万元,年初"未分配利润"明细科目借方余额50万元,2011年提取盈余公积前法定盈余公积的累计额为500万元,则该公司2011年按规定应提取的法定盈余公积的数额为（　　）万元。
   A. 40　　　　B. 35　　　　C. 250　　　　D. 0

8. 下列利润分配顺序中,正确的是（　　）。
   A. 提取法定盈余公积、提取任意盈余公积、分配优先股股利
   B. 提取任意盈余公积、提取法定盈余公积、分配优先股股利
   C. 分配优先股股利、提取法定盈余公积、提取任意盈余公积
   D. 提取法定盈余公积、分配优先股股利、提取任意盈余公积

9. 下列各项中,应计入"资本公积"科目借方的是（　　）。
   A. 以资本公积转增资本
   B. 无法支付的应付账款
   C. 接受甲投资者以库存现金投资100万元,投资协议约定其在注册资本中占60万元
   D. 接受甲投资者投入一项专利技术,投资各方确认的价值超过其在注册资本中所占的份额

10. 某公司委托证券公司代理发行普通股股票1 200万股,每股面值2元,按每股3元的价格发行,受托单位按发行收入的1%收取手续费,并从发行收入中扣除。假如企业股款已经收到,该企业实际收到的款项为（　　）万元。
    A. 2 376　　　　B. 12　　　　C. 1 200　　　　D. 3 564

二、多选题

1. 某企业注册资本为200万元,下列各投资者的出资符合相关法律法规要求的有（　　）。
   A. 甲投资现金30万元已存入银行
   B. 乙投资一栋厂房,投资各方确认的价值为65万元
   C. 丁投入一项工业产权,投资各方确认的价值为70万元

D. 丙投资原材料若干,投资各方确认的价值为 30 万元,增值税额为 5 万元

2. 企业发生亏损,下列各项属于弥补亏损渠道的有(　　)。
A. 用以后的 5 年税前利润弥补　　　　B. 用 5 年后税后利润弥补
C. 以盈余公积弥补亏损　　　　　　　D. 以公益金弥补亏损

3. 下列项目中,能同时引起资产和利润减少的项目有(　　)。
A. 计提短期借款的利息　　　　　　　B. 计提行政管理部门固定资产的折旧
C. 计提坏账准备　　　　　　　　　　D. 无形资产摊销

4. 法定盈余公积的主要用途有(　　)。
A. 对外捐赠　　　　　　　　　　　　B. 弥补亏损
C. 转增资本　　　　　　　　　　　　D. 用于集体福利设施

5. 以下各项中,会使所有者权益发生变化的是(　　)。
A. 当年发生亏损　　　　　　　　　　B. 用盈余公积弥补以前年度亏损
C. 宣告分配现金股利　　　　　　　　D. 盈余公积转增资本

6. 下列各项中,能增加企业的所有者权益,同时减少企业负债的有(　　)。
A. 根据股东大会的决议用盈余公积分配现金股利
B. 根据股东大会的决议用当年的净利润分配现金股利
C. 确认无法支付的应付账款
D. 国家拨入的专门用于技术改造的项目完成,将专项拨款转入资本公积

7. 公司发行股票支付的手续费、佣金等发行费用,其正确的会计处理有(　　)。
A. 从溢价中抵消
B. 计入管理费用
C. 计入财务费用
D. 溢价不足以支付的部分,直接计入当期的财务费用

8. 下列关于可供出售的金融资产的表述中,正确的有(　　)。
A. 可供出售金融资产的公允价值变动应计入当期损益
B. 可供出售金融资产发生的减值损失应计入当期损益
C. 取得可供出售金融资产发生的交易费用应直接计入资本公积
D. 处置可供出售金融资产时,以前期间因公允价值变动计入资本公积的金额应转入当期损益

9. 下列各项中,构成留存收益的有(　　)。
A. 资本溢价　　　B. 未分配利润　　　C. 任意盈余公积　　　D. 法定盈余公积

10. 所有者权益与负债有显著区别,主要表现在(　　)。
A. 债权人对企业资产的要求权优先于所有者权益
B. 企业的投资者可以凭借对企业的所有权,参与该企业的经营管理,而债权人往往无权

参与企业的经营管理

C. 对于所有者来说,在企业持续经营的情况下,除按法律程序减资外,一般不能提前撤回资产,而负债一般都有规定的偿还期限,必须一定时期偿还

D. 投资者以股利或利润的形式参与企业的利润分配,而债权人通常不能参与企业的利润分配,只能按规定的条件得到偿付并获得利息收入

三、判断题

1. 企业增资扩股时,投资者投入的大于其按约定比例计算的其在注册资本中所占的份额部分,应该计入"实收资本"科目。（   ）

2. 企业宣告发放现金股利和股票股利时,应作为负债和利润分配处理。（   ）

3. "利润分配——分配利润"科目的年末贷方余额,反映企业累积未弥补亏损的数额。（   ）

4. 收入能导致企业所有者权益增加,但导致所有者权益增加的不一定是收入。（   ）

5. 某企业年初有未弥补亏损20万元,当年实现净利润10万元。按有关规定,该年不得提取法定盈余公积。（   ）

6. 资本公积经批准后可以用于发放现金股利。（   ）

7. 企业回购股票时,如果购回股票支付的价款低于面值总额的,所注销库存股的账面余额与所冲减股本的差额作为增加资本或股本溢价处理。（   ）

8. 直接计入所有者权益的利得和损失是指不应计入当期损益、会导致所有者权益发生增减变动的、与所有者投入资本或者向所有者分配利润有关的利得和损失。（   ）

9. 按照我国法律规定,投资者设立企业必须首先投入资本。（   ）

10. 企业收到国家拨入的专门用于技术改造、技术研究的拨款项目完成后,其形成各项资产的部分,按规定转入实收资本。（   ）

四、计算题

1. 蓝天公司2011年实现的归属于普通股股东的净利润为4 200万元。该公司2011年1月1日发行在外的普通股为8 000万股,6月30日定向增发1 000万股普通股,9月30日自公开市场回购400万股拟用于高层管理人员股权激励。

要求：

计算该公司2011年基本每股收益。

2. 蓝天公司2011年12月31日的股本为20 000万股,每股面值为1元,资本公积(股本溢价)5 000万元,盈余公积3 000万元。经股东大会批准,该公司以现金回购本公司股票3 000万股并注销。

要求：

（1）假定每股回购价为0.9元,编制回购股票和购销股票的会计分录。

（2）假定每股回购价为1.5元,编制回购股票和购销股票的会计分录。

(3)假定每股回购价为4元,编制回购股票和购销股票的会计分录。

3. 蓝天公司2011年度的有关资料如下：

(1)年初未分配利润为120万元,本年利润总额为590万元,适用企业所得税税率为25%。按税法规定本年度准予扣除的业务招待费为25万元,实际发生业务招待费35万元。除此之外,不存在其他纳税调整因素。

(2)按税后利润的10%提取法定盈余公积。

(3)提取任意盈余公积金10万元。

(4)向投资者宣告分配现金股利50万元。

要求：

(1)计算蓝天公司本期所得税费用,并编制相应的会计分录。

(2)编制蓝天公司提取法定盈余公积的会计分录。

(3)编制蓝天公司提取任意盈余公积的会计分录。

(4)编制蓝天公司向投资者宣告分配现金股利的会计分录。

(5)计算年末未分配利润。

4. 2010年5月,蓝天公司以640万元购入大地公司股票60万股,作为可供出售金融资产,另支付手续费10万元,2010年6月30日该股票每股市价为7.5元,2010年8月10日,大地公司宣告分配现金股利,每股0.2元,8月20日,蓝天公司收到分派的现金股利。至12月31日,蓝天公司仍持有可供出售金融资产,期末每股市价为8.5元,2011年1月3日以705万元出售该可供出售金融资产。假定蓝天公司每年6月30日和12月31日对外提供财务报告。

要求：

(1)编制上述经济业务的会计分录。

(2)计算该可供出售金融资产的累计损益。

5. 蓝天公司属于工业企业,为增值税一般纳税人,由A、B、C三位股东于2009年12月31日共同出资成立,注册资本1 600万元。出资协议规定A、B、C三位股东出资比例为45%、30%和25%。有关资料如下：

(1)2009年12月31日三位股东的出资方式及出资额见表1(各位股东的出资已全部到位,并经中国注册会计师验证,有关法律手续已经办妥)。

表1 三位股东出资方式及出资额　　　　　　　　　　单位:万元

出资者	货币资金	实物资产	无形资产	合计
A	570		150(专利权)	720
B	280	200(设备)		480
C	340	60(轿车)		400
合计	1 190	260	150	1 600

(2)2010年蓝天公司实现净利润800万元,决定分配现金股利200万元,计划在2011年2月10日支付。

(3)2011年12月31日,吸收D股东加入本公司,将蓝天公司注册资本由原1 600万元增到2 000万元。D股东以银行存款200万元、原材料117万元(增值税专用发票中注明材料计税价格为100万元,增值税17万元)出资,占增资后注册资本10%的股份,其余的200万元增资由A、B、C三位股东按原持有比例以银行存款出资。2011年12月31日,四位股东的出资已全部到位,并取得D股东开出的增值税专用发票,有关法律手续已经办妥。

要求:

(1)编制蓝天公司2009年12月31日收到投资者投入资本的会计分录("实收资本"科目要求写出明细科目)。

(2)编制蓝天公司2010年决定分配现金股利的会计分录("应付股利"科目要求写出明细科目)。

(3)计算蓝天公司2011年12月31日吸收D股东出资时产生的资本公积。

(4)编制蓝天公司2011年12月31日增加到A、B、C、三位股东追加投资和D股东出资的会计分录。

(5)计算蓝天公司2011年12月31日增资扩股后各位股东的持股比例。

(答案金额单位用万元表示)

第十二章

Chapter 12

费 用

一、单选题

1. 下列各项中,不属于费用的是( )。
   A. 经营性租出固定资产的折旧额　　　B. 销售过程中发生的运输费
   C. 企业发生的现金折扣　　　　　　　D. 出售固定资产发生的净损失

2. 下列各项税金中,应计入"营业税金及附加"的是( )。
   A. 消费税　　　B. 增值税　　　C. 房产税　　　D. 印花税

3. 随同产品出售且单独计价的包装物,应于包装物发出时结转其成本,计入( )科目。
   A. 销售费用　　　B. 其他业务成本　　　C. 管理费用　　　D. 营业外支出

4. 甲工业企业产品售价每件460元,若客户购买达到200件及以上的,可得到40元/件的商业折扣。某客户2010年12月10日购买该企业产品200件,按规定现金折扣条件为:2/10,1/20,n/30。适用的增值税税率为17%。该企业于12月26日收到该笔款项时,应确认的财务费用金额为( )元。
   A. 840　　　B. 0　　　C. 1 965.6　　　D. 982.8

5. 某企业某月销售商品发生商业折扣40万元、现金折扣30万元、销售折让50万元。该企业上述业务计入当月财务费用的金额为( )万元。
   A. 30　　　B. 40　　　C. 70　　　D. 90

6. 企业专设销售机构固定资产的折旧费应计入( )科目。
   A. 其他业务成本　　　B. 制造费用　　　C. 销售费用　　　D. 管理费用

7. 超支的广告费应计入( )。
   A. 营业外支出　　　B. 销售费用　　　C. 财务费用　　　D. 管理费用

8. 下列各项中,不属于企业期间费用的有(   )。
   A. 固定资产维修费   B. 聘请中介机构费
   C. 生产车间管理人员工资   D. 企业发生的现金折扣
9. 甲企业 2009 年 3 月份发生的费用有:计提车间管理人员工资费用 50 万元,发生管理部门人员工资 30 万元,支付广告宣传费用 40 万元,筹集外币资金发生汇兑损失 10 万元,支付固定资产维修费用 15 万元。则该企业当期的期间费用总额为(   )万元。
   A. 95   B. 130   C. 140   D. 145
10. 下列各项中,应计入其他业务成本的是(   )。
    A. 库存商品盘亏净损失   B. 经营租出固定资产折旧
    C. 向灾区捐赠的商品成本   D. 火灾导致原材料毁损净损失
11. 下列各项中,不应计入销售费用的是(   )。
    A. 已售商品预计保修费用
    B. 为推广新产品而发生的广告费用
    C. 随同商品出售且单独计价的包装物成本
    D. 随同商品出售而不单独计价的包装物成本
12. 企业发生的下列费用中,应计入销售费用的是(   )。
    A. 广告费   B. 业务招待费
    C. 矿产资源补偿费   D. 研究费
13. 下列各项中,应计入管理费用的是(   )。
    A. 筹建期间的开办费   B. 预计产品质量保证损失
    C. 生产车间管理人员工资   D. 专设销售机构的固定资产修理费
14. 下列各项中,应列为管理费用处理的是(   )。
    A. 自然灾害造成的流动资产净损失   B. 筹建期间内发生的开办费
    C. 预提产品质量保证费用   D. 广告费
15. 某企业某月销售商品发生商业折扣 20 万元、现金折扣 15 万元、销售折让 25 万元。该企业上述业务计入当月财务费用的金额为(   )万元。
    A. 15   B. 20   C. 35   D. 45
16. 某企业 2009 年 3 月份发生的费用有:计提车间用固定资产折旧 10 万元,发生车间管理人员工资 40 万元,支付广告费用 30 万元,预提短期借款利息 20 万元,支付矿产资源补偿费 10 万元。则该企业当期的期间费用总额为(   )万元。
    A. 50   B. 60   C. 100   D. 110
17. 企业专设销售机构人员的工资应记入(   )账户。
    A. 管理费用   B. 销售费用   C. 主营业务成本   D. 其他业务成本
18. 生产车间管理人员的工资应计入(   )。

A. 制造费用 　　B. 销售费用 　　C. 管理费用 　　D. 其他业务成本

二、多选题

1. 企业销售商品交纳的下列各项税费,记入"营业税金及附加"科目的有(　　)。
   A. 消费税 　　B. 增值税 　　C. 教育费附加 　　D. 城市维护建设税

2. 企业交纳的下列各种税金中,可能通过"营业税金及附加"科目核算的有(　　)。
   A. 增值税销项税额 　　B. 消费税 　　C. 城市维护建设税 　　D. 印花税

3. 下列各项中,应计入销售费用的有(　　)。
   A. 销售商品发生的商业折扣
   B. 采用一次摊销法结转首次出借新包装物成本
   C. 结转出租包装物因不能使用而报废的残料价值
   D. 结转随同商品出售但不单独计价的包装物成本

4. 下列项目中,应作为管理费用核算的有(　　)。
   A. 固定资产报废净损失
   B. 计提的固定资产减值准备
   C. 已达到预定可使用状态尚未投入使用的职工宿舍计提的折旧
   D. 由企业统一负担的公司经费

5. 下列各项中,不应计入管理费用的有(　　)。
   A. 总部办公楼折旧 　　B. 生产设备改良支出
   C. 经营租出专用设备的修理费 　　D. 专设销售机构房屋的修理费

6. 下列各项费用,应通过"管理费用"科目核算的有(　　)。
   A. 诉讼费 　　B. 研究费用
   C. 业务招待费 　　D. 日常经营活动聘请中介机构费

7. 下列各项中,应计入财务费用的有(　　)。
   A. 企业发行股票支付的手续费 　　B. 企业支付的银行承兑汇票手续费
   C. 企业购买商品时取得的现金折扣 　　D. 企业销售商品时发生的现金折扣

8. 下列费用中不应计入产品成本的有(　　)。
   A. 直接材料和直接人工 　　B. 企业行政管理部门设备折旧费用
   C. 行政管理人员工资 　　D. 技术转让费

9. 下列各项中,属于企业期间费用的有(　　)。
   A. 销售费用 　　B. 制造费用 　　C. 管理费用 　　D. 财务费用

10. 下列各项中,不应确认为财务费用的有(　　)。
    A. 企业筹建期间的借款费用 　　B. 资本化的借款利息支出
    C. 销售商品发生的商业折扣 　　D. 支付的银行承兑汇票手续费

11. 下列哪些项目属于其他业务成本核算的内容(　　)。

A. 随同产品出售单独计价的包装物的成本
B. 出租无形资产支付的服务费
C. 销售材料结转的材料成本
D. 出售无形资产结转的无形资产的摊余价值

12. 下列税金中,应通过"主营业务税金及附加"科目核算的有( )。
A. 提供劳务应交的营业税
B. 销售不动产应交的营业税
C. 销售产品应交的消费税
D. 一般纳税企业销售产品应交的增值税

13. 下列各项费用,应计入销售费用的有( )。
A. 咨询费　　　　B. 业务招待费　　　C. 广告费　　　　D. 展览费

14. 下列各项中,应计入管理费用的有( )。
A. 管理人员工资及福利费　　　　B. 在建工程人员的工资及福利费
C. 业务招待费　　　　　　　　　D. 技术转让费

15. 根据印花税法律制度的规定,下列各项中,属于印花税征税范围的有( )。
A. 土地使用权出让合同　　　　　B. 土地使用权转让合同
C. 商品房销售合同　　　　　　　D. 房屋产权证

16. 根据印花税法律制度的规定,下列各项中,属于印花税征税范围的有( )。
A. 工商营业执照　　　　　　　　B. 土地使用权出让合同
C. 土地使用证　　　　　　　　　D. 商品房销售合同

17. 根据印花税法律制度的规定,下列各项中,按照"产权转移书据"税目征收印花税的有( )。
A. 土地使用权出让合同　　　　　B. 土地使用权转让合同
C. 商品房销售合同　　　　　　　D. 购销合同

三、判断题

1. 企业出售原材料取得的款项扣除其成本及相关费用后的净额,应当计入营业外收入或营业外支出。(　　)
2. 企业为客户提供的现金折扣应在实际发生时冲减当期收入。(　　)
3. 工业企业为拓展销售市场所发生的业务招待费,应计入管理费用。(　　)
4. 制造费用与管理费用不同,本期发生的管理费用直接影响本期损益,而本期发生的制造费用不一定影响本期损益。(　　)
5. 管理费用、制造费用、销售费用都属于企业的期间费用。(　　)
6. 企业出售固定资产发生的处置净损失也属于企业的费用。(　　)
7. 企业向银行或其他金融机构借入的各种款项所发生的利息均应计入"财务费用"。

(   )

8. 制造费用和管理费用都是本期发生的生产费用,因此均应计入当期损益。(   )

9. 按企业会计准则规定,企业发生的销售折让应作为财务费用处理。(   )

10. 不论合同是否兑现或能否按期兑现,都应当缴纳印花税。(   )

四、计算题

1. 某企业 2010 年 3 月份发生的业务有:
(1)发生无形资产研究费用 10 万元。
(2)发生专设销售部门人员工资 25 万元。
(3)支付业务招待费 15 万元。
(4)支付销售产品保险费 5 万元。
(5)计算本月应交纳的城市维护建设税 0.5 万元。
(6)支付本月未计提短期借款利息 0.1 万元。
假设不考虑其他事项。
要求:
说明各项经济业务应该计入的科目并计算该企业 3 月份发生的期间费用总额。

2. 天岳公司 2009 年 12 月与固定资产、无形资产有关的业务如下:
(1)2009 年 12 月 1 日经营租出一项无形资产,无形资产的账面价值是 120 万元,预计使用年限是 10 年,预计净残值为 0。
(2)2009 年 12 月 20 日购入一台设备供销售部门使用,采用年数总和法计提折旧。该设备原价 160 万元,预计使用年限 5 年,预计净残值为 10 万元。
要求:
(1)计算天岳公司 2010 年 1 月应计提的折旧额和摊销额。
(2)编制天岳公司 2010 年 1 月计提折旧和摊销的会计分录。
(答案中的金额单位用万元表示,计算结果有小数的保留两位小数)

3. 甲股份有限公司(以下简称甲公司)为增值税一般纳税人,适用的增值税税率为 17%,销售单价均为不含增值税价格。
甲公司 2009 年 10 月发生如下业务:
(1)10 月 3 日,向乙企业赊销 A 产品 100 件,单价为 40 000 元,单位销售成本为 20 000 元。
(2)10 月 15 日,向丙企业销售材料一批,价款为 700 000 元,该材料发出成本为 500 000 元。上月已经预收账款 600 000 元。当日丙企业支付剩余货款。
(3)10 月 18 日,丁企业要求退回本年 9 月 25 日购买的 40 件 B 产品。该产品销售单价为 40 000 元,单位销售成本为 20 000 元,其销售收入 1 600 000 元已确认入账,价款已于销售当日收取。经查明退货原因系发货错误,同意丁企业退货,并办理退货手续和开具红字增值税专用发票,并于当日退回了相关货款。

(4)10月20日,收到外单位租用本公司办公用房下一年度租金300 000元,款项已收存银行。

(5)10月31日,计算本月应交纳的城市维护建设税36 890元,其中销售产品应交纳28 560元,销售材料应交纳8 330元;教育费附加15 810元,其中销售产品应交纳12 240元,销售材料应交纳3 570元。

要求:

(1)根据上述(1)~(5)业务编制相关的会计分录。

(2)计算甲公司2009年10月份发生的费用金额。

(答案中的金额以元为单位;"应交税费"科目须写出二级和三级明细科目,其他科目可不写出明细科目)。

第十三章
Chapter 13

收入、利润

一、单选题

1. 如商品的售价内包含可区分的在售后一定期限内的服务费,在销售商品时,该服务费应计入( )科目。
   A. 预收账款   B. 主营业务收入   C. 其他业务收入   D. 营业外收入

2. 企业在资产负债表日,对某项劳务如不能可靠地估计所提供劳务的交易结果,则对该项劳务正确的会计处理是( )。
   A. 不确认利润但可能确认损失
   B. 既不确认利润也不确认损失
   C. 确认利润但不确认损失
   D. 可能确认利润也可能确认损失

3. 宇通公司和远东公司为增值税一般纳税人,适用的增值税税率为17%,2009年6月1日,宇通公司委托远东公司销售300件商品,协议价为每件80元,该商品的成本为50元。代销协议约定,远东公司在取得代销商品后,无论是否能够卖出、是否获利,均与宇通公司无关。商品已经发出,货款已经收到。则宇通公司在2009年6月1日应确认的收入为( )元。
   A. 0   B. 24 000   C. 15 000   D. 28 080

4. 下列交易或事项,不应确认为营业外支出的是( )。
   A. 公益性捐赠支出   B. 无形资产出售损失
   C. 固定资产盘亏损失   D. 固定资产减值损失

5. 某企业转让一台旧设备,取得价款56万元,发生清理费用2万元。该设备原值为60万元,已提折旧10万元。假定不考虑其他因素,出售该设备影响当期损益的金额为( )万元。

  A 4   B．6   C．54   D．56

  6．某企业 2001 年 2 月主营业务收入为 100 万元,主营业务成本为 80 万元,管理费用为 5 万元,资产减值损失为 2 万元,投资收益为 10 万元。假定不考虑其他因素,该企业当月的营业利润为（ ）万元。

  A 13   B．15   C．18   D．23

  7．根据《企业会计制度》的规定,企业支付的税款滞纳金应当计入（ ）。

  A 财务费用   B．其他业务成本   C．营业外支出   D．销售费用

  8．根据《企业所得税法》的规定,企业发生的公益性捐赠支出,在计算企业所得税应纳税所得额时的扣除标准是（ ）。

  A．全额扣除

  B．在年度应纳税所得额 12% 以内的部分扣除

  C．在年度利润总额 12% 以内的部分扣除

  D．在年度应纳税所得额 3% 以内的部分扣除

  9．某居民企业 2010 年度发生的亏损,根据《企业所得税法》的规定,该亏损额可以用以后纳税年度的所得逐年弥补,但延续弥补的期限最长不得超过（ ）。

  A．2010 年   B．2013 年   C．2014 年   D．2015 年

  10．根据《企业所得税法》的规定,飞机、火车、轮船以外的运输工具计算折旧的最低年限为（ ）。

  A．3 年   B．4 年   C．5 年   D．10 年

  11．某非金融企业的注册资本为 2 000 万元,2010 年按同期金融机构贷款利率从其关联方借款 5 000 万元,发生借款利息 200 万元。根据企业所得税法律制度的规定,该企业在计算企业所得税应纳税所得额时,不得在税前扣除的利息为（ ）万元。

  A．20   B．40   C．50   D．100

  12．企业应当自月份或季度终了之日起（ ）日内,向税务机关报送预缴企业所得税申报表,预缴税款。

  A．10   B．15   C．7   D．5

  13．甲公司销售产品每件 440 元,若客户购买 200 件(含 100 件)以上可得到 40 元的商业折扣。某客户 2008 年 8 月 8 日购买该企业产品 200 件,按规定现金折扣条件为 2/10,1/20,n/30。适用的增值税率为 17%。该企业于 8 月 24 日收到该笔款项时,则实际收到的款项为（ ）元。

  A 93 600   B．936   C．102 960   D．92 800

  14．在视同买断方式下委托代销商品的,若受托方没有将商品售出时可以将商品退回给委托方,或受托方因代销商品出现亏损时可以要求委托方补偿,那么委托方的处理正确的是

( )。

A. 在交付商品时不确认收入,委托方收到代销清单时确认收入

B. 在交付商品时确认收入

C. 不做任何处理

D. 只核算发出商品的处理

15. 企业对外销售需要安装的商品时,若安装和检验属于销售合同的重要组成部分,则确认该商品销售收入的时间是(   )。

A. 商品运抵并开始安装时　　　　　　B. 发出商品时

C. 商品安装完毕并检验合格时　　　　D. 收到商品销售货款时

16. Y 公司本月销售情况如下:(1)现款销售 10 台,总售价 100 000 元(不含增值税,下同)已入账;(2)需要安装的销售 2 台,总售价 30 000 元,款项尚未收取,安装任务构成销售业务的主要组成部分,安装尚未完成;(3)附有退货条件的销售 2 台,总售价 23 000 元已入账,退货期 3 个月,退货的可能性难以估计。Y 公司本月应确认的销售收入是(   )元。

A. 100 000　　　　B. 140 000　　　　C. 163 000　　　　D. 183 000

17. 某企业销售商品 6 000 件,每件售价 60 元,增值税税率 17%;企业为购货方提供的商业折扣为 10%,提供的现金折扣条件为 2/10、1/20、n/30,并代垫运杂费 500 元。该企业在这项交易中应确认的收入金额为(   )元。

A. 320 000　　　　B. 308 200　　　　C. 324 000　　　　D. 320 200

18. 企业让渡资产使用权所计提的摊销额等,一般应该计入到(   )。

A. 营业外支出　　　B. 主营业务成本　　　C. 其他业务成本　　　D. 管理费用

19. A 企业 2009 年 8 月 10 日收到 B 公司因质量问题而退回的商品 10 件,每件商品成本为 100 元。该批商品系 A 公司 2009 年 5 月 13 日出售给 B 公司,每件商品售价为 230 元,适用的增值税税率为 17%,货款尚未收到,A 公司尚未确认销售商品收入。因 B 公司提出的退货要求符合销售合同约定,A 公司同意退货。A 公司应在验收退货入库时做的会计处理为(   )。

A. 借:库存商品　　　　　　　　　　　　　　　　　　　　　1 000

　　贷:主营业务成本　　　　　　　　　　　　　　　　　　　1 000

B. 借:主营业务收入　　　　　　　　　　　　　　　　　　　2 691

　　贷:应收账款　　　　　　　　　　　　　　　　　　　　　2 691

C. 借:库存商品　　　　　　　　　　　　　　　　　　　　　1 000

　　贷:发出商品　　　　　　　　　　　　　　　　　　　　　1 000

D. 借:应交税费——应交增值税(销项税额)　　　　　　　　　391

　　贷:应收账款　　　　　　　　　　　　　　　　　　　　　391 来

20. 下列关于收入的说法中不正确的是(   )。

A. 收入是企业在日常活动中形成的经济利益的总流入
B. 收入会导致企业所有者权益的增加
C. 收入形成的经济利益总流入的形式多种多样,既可能表现为资产的增加,也可能表现为负债的减少
D. 收入与所有者投入资本有关

二、多选题

1. 关于政府补助的计量,下列说法中正确的有(　　)。
A. 政府补助为货币性资产的,应当按照收到或应收的金额计算
B. 政府补助为非货币性资产的,公允价值能够可靠计量时,应当按公允价值计量
C. 政府补助为非货币性资产的,应当按照账面价值计量
D. 政府补助为非货币性资产的,如没有注明价值,且没有活跃交易市场、不能可靠取得公允价值的,应当按照名义金额计量

2. 有关政府补助的表述正确的有(　　)。
A. 与收益相关的政府补助,用于补偿企业以后期间的相关费用或损失的,取得时认为递延收益,在确认相关费用的期间计入当期损益(营业外收入)
B. 与收益相关的政府补助,用于补偿企业已发生的相关费用或损失的,取得时直接计入当期损益(营业外收入)
C. 政府补助为非货币性资产的,应当按照公允价值计量
D. 公允价值不能可靠取得的,按照名义金额计量

3. 下列各项收入中,属于工业企业的其他业务收入的有(　　)。
A. 提供运输劳务所取得的收入　　B. 提供加工装配劳务所取得的收入
C. 出租无形资产所取得的收入　　D. 销售材料产生的收入

4. 提供劳务交易的结果能够可靠估计,应同时满足的条件包括(　　)。
A. 收入的金额能够可靠地计量　　B. 相关的经济利益很可能流入企业
C. 交易中已发生的成本能够可靠地计量　D. 交易中将发生的成本能够可靠地计量

5. 关于提供劳务收入的确认计量,下列说法中错误的有(　　)。
A. 艺术表演、招待宴会和其他特殊活动的收费,应在相关活动发生时确认收入
B. 申请入会费和会员费只允许取得会籍,所有其他服务或商品都要另行收费的,应在款项收回不存在重大不确定性时确认收入
C. 属于提供设备和其他有形资产的特许权费,应在提供服务时确认收入
D. 长期为客户提供重复的劳务收取的劳务费,应在收到款项时确认收入

6. 采用累计实际发生的合同成本占合同预计总成本的比例确定合同完工进度的,累计实际发生的合同成本包括的内容有(　　)。
A. 施工中使用的材料成本

B. 施工中发生的人工成本
C. 施工中尚未安装或使用的材料成本
D. 在分包工程的工作量完成之前预付给分包单位的款项

7. 关于建造合同收入,下列说法中正确的有( )。
A. 在资产负债表日,应当按照合同总收入乘以完工进度扣除以前会计期间累计已确认收入后的金额,确认为当期合同收入
B. 在资产负债表日,应当按照合同总收入乘以完工进度确认为当期合同收入
C. 前期开始当期完成的建造合同,应当按照实际合同总收入扣除以前会计期间累计已确认收入后的金额,确认为当期合同收入
D. 前期开始当期完成的建造合同,应当按照实际合同总收入确认为当期合同收入

8. 按照建造合同的规定,下列哪些属于合同收入的内容( )。
A. 合同中规定的初始收入　　　　B. 客户预付的定金
C. 因奖励形成的收入　　　　　　D. 因客户违约产生的罚款收入

9. 下列各项中,影响利润表"所得税费用"项目金额的有( )。
A. 当期应交所得税　　　　　　　B. 递延所得税收益
C. 递延所得税费用　　　　　　　D. 代扣代交的个人所得税

10. 下列各项中,年度终了需要转入"利润分配——未分配利润"科目的有( )。
A. 本年利润　　　　　　　　　　B. 利润分配——应付现金股利
C. 利润分配——盈余公积补亏　　D. 利润分配——提取法定盈余公积

11. 下列各科目中,年末应无余额的有( )。
A. 管理费用　　B. 所得税费用　　C. 本年利润　　D. 长期待摊费用

12. 下列各项中,影响营业利润的项目有( )。
A. 主营业务成本　B. 营业税金及附加　C. 营业外收入　D. 资产减值损失

13. 下列各项中,应计入营业外收入的有( )。
A. 原材料盘盈　　　　　　　　　B. 无法查明原因的现金溢余
C. 转让长期投资取得的净收益　　D. 转让无形资产所有权取得的净收益

14. 下列项目中,属于营业外支出的有( )。
A. 处置固定资产净损失　　　　　B. 出售无形资产净损失
C. 水灾损失　　　　　　　　　　D. 捐赠设备支出

15. 下列项目中,使本期所得税费用增加的有( )。
A. 本期应交所得税　　　　　　　B. 本期递延所得税资产借方发生额
C. 本期递延所得税负债借方发生额　D. 本期递延所得税负债贷方发生额

16. 下列各科目的余额,期末应结转到"本年利润"科目的有( )。
A. 资产减值损失　　　　　　　　B. 营业外支出

C. 公允价值变动损益　　　　　　　D. 以前年度损益调整

三、判断题

1. 对需要安装的商品的销售,必须在安装和检验完毕后确认收入。(　　)
2. 企业出售无形资产和出租无形资产取得的收益,均应作为其他业务收入核算。(　　)
3. 销售收入已经确认后发生的现金折扣和销售折让(非资产负债表日后事项),均应在实际发生时计入当期财务费用。(　　)
4. 如果企业保留与商品所有权相联系的继续管理权,则在发出商品时不能确认该项商品销售收入。(　　)
5. 属于提供设备和其他有形资产的特许权收入,应当与销售商品价款一并确认收入。(　　)
6. 如果劳务的开始和完成分属于不同的会计年度,就必须按完工百分比法确认收入。(　　)
7. 代销商品中,受托方将商品销售后,按实际售价确认为销售收入,并向委托方开具代销清单。(　　)
8. 商品需要安装和检验的销售,如果安装程序比较简单,或检验是为最终确定合同价格必须进行的程序,则可以在商品发出时或在商品装运时确认收入。(　　)
9. 在采用完工百分比法确认劳务收入时,其相关的销售成本应以实际发生的全部成本确认。(　　)
10. 企业销售商品一批,并已收到款项,即使商品的成本不能够可靠地计量,也要确认相关的收入。(　　)
11. 企业为客户提供的现金折扣应在实际发生时冲减当期收入。(　　)
12. 增值税进项税额是销项税额的抵扣项目,是不会影响销售收入的。(　　)
13. A公司将一批商品销售给B公司,按合同规定A公司仍保留通常与所有权相联系的继续管理权和对已售出的商品实施控制。因而,A公司不能确认收入。(　　)
14. 企业的收入包括主营业务收入、其他业务收入和营业外收入。(　　)

四、计算题

1. 甲公司为增值税一般纳税企业,适用的增值税税率为17%。2010年3月1日,向乙公司销售某商品1 000件,每件标价2 000元,实际售价1 800元(售价中不含增值税额),已开出增值税专用发票,商品已交付给乙公司。为了及早收回货款,甲公司在合同中规定的现金折扣条件为2/10,1/20,n/30。假定计算现金折扣不考虑增值税。

要求:

根据以下假定,分别编制甲公司收到款项时的会计分录。(不考虑成本的结转)

(1) 乙公司在3月8日付款。

(2) 乙公司在3月19日付款。

(3)乙公司在3月29日付款。

2. 甲、乙两企业均为增值税一般纳税人,增值税税率均为17%。2009年3月6日,甲企业与乙企业签订代销协议,甲企业委托乙企业销售A商品500件,A商品的单位成本为每件350元。代销协议规定,乙企业应按每件A商品585元(含增值税)的价格售给顾客,甲企业按不含增值税售价的10%向乙企业支付手续费。4月1日,甲企业收到乙企业交来的代销清单,代销清单中注明:实际销售A商品400件,商品售价为200 000元,增值税额为34 000元。当日甲企业向乙企业开具金额相等的增值税专用发票。4月6日,甲企业收到乙企业支付的已扣除手续费的商品代销款。

要求:
请做出委托方的账务处理。

3. 甲企业2010年度利润总额为900万元,应纳税所得额为1 000万元。该企业适用的所得税税率为25%。甲企业递延所得税资产年初数为200万元,年末数为300万元;递延所得税负债年初数为100万元,年末数为300万元。

要求:
(1)计算甲企业2010年度应交所得税额。
(2)计算甲企业2010年递延所得税。
(3)计算甲企业2010年度所得税费用。
(4)编制甲企业2010年所得税的会计分录。
(5)计算甲企业2010年度实现的净利润。
(6)编制甲企业年末结平"所得税费用"科目的会计分录。(答案中的金额单位用万元表示)

4. 某居民企业为增值税一般纳税人,主要生产销售电冰箱,2010年度销售电冰箱取得不含税收入4 300万元,与电冰箱配比的销售成本2 830万元;出租设备取得租金收入100万元;实现的会计利润422.38万元。与销售有关的费用支出如下:
(1)销售费用825万元,其中广告费700万元。
(2)管理费用425万元,其中业务招待费45万元。
(3)财务费用40万元,其中含向非金融企业借款250万元所支付的年利息20万元(当年金融企业贷款的年利率为5.8%)。
(4)计入成本、费用中的实发工资270万元,发生的工会经费7.5万元、职工福利费41万元、职工教育经费9万元。
(5)营业外支出150万元,其中包括通过公益性社会团体向贫困山区的捐款75万元。

要求:
该企业2010年度的广告费用,业务招待费,财务费用,职工工会经费、职工福利费、职工教育经费,公益性捐赠等应调增的应纳税所得额。

第十四章

Chapter 14

财务报告

一、单选题

1. 下列关于现金流量表的描述正确的是( )。
   A. 现金流量表是反映企业在一定会计期间库存现金流入和流出的报表
   B. 现金流量表是反映企业在一定会计期间现金和现金等价物流入和流出的报表
   C. 现金等价物指的是企业的银行存款以及其他货币资金
   D. 购买的股票投资也属于企业现金等价物

2. 多步式利润表中的利润总额是以( )为基础来计算的。
   A. 营业收入   B. 营业成本   C. 投资收益   D. 营业利润

3. 关于资产负债表的格式,下列说法中不正确的是( )。
   A. 资产负债表主要有账户式和报告式
   B. 我国的资产负债表采用报告式
   C. 账户式资产负债表分为左右两方,左方为资产,右方为负债和所有者权益
   D. 负债和所有者权益按照求偿权的先后顺序排列

4. 下列各项中,不会引起利润总额增减变化的是( )。
   A. 销售费用   B. 管理费用   C. 所得税费用   D. 营业外支出

5. "应收账款"科目所属明细科目如有贷方余额,应在资产负债表( )项目中反映。
   A. 预付账款   B. 预收账款   C. 应收账款   D. 应付账款

6. 在下列各个财务报表中,属于企业对外提供的静态报表的是( )。
   A. 利润表   B. 所有者权益变动表
   C. 现金流量表   D. 资产负债表

7. 依照我国的会计准则,利润表采用的格式为(   )。
   A. 单步式   B. 多步式   C. 账户式   D. 混合式
8. 在利润表上,利润总额减去(   )后,得出净利润。
   A. 管理费用   B. 增值税   C. 营业外支出   D. 所得税费用
9. 编制利润表主要是根据(   )。
   A. 资产、负债及所有者权益各账户的本期发生额
   B. 资产、负债及所有者权益各账户的期末余额
   C. 损益类各账户的本期发生额
   D. 损益类各账户的期末余额
10. 下列各项中,不会影响营业利润金额增减的是(   )。
    A. 资产减值损失   B. 财务费用   C. 投资收益   D. 营业外收入
11. 资产负债表的下列项目中,需要根据几个总账科目的期末余额进行汇总填列的是(   )。
    A. 应付职工薪酬   B. 短期借款   C. 货币资金   D. 资本公积
12. 在资产负债表中,资产按照其流动性排列时,下列排列方法正确的是(   )。
    A. 存货、无形资产、货币资金、交易性金融资产
    B. 交易性金融资产、存货、无形资产、货币资金
    C. 无形资产、货币资金、交易性金融资产、存货
    D. 货币资金、交易性金融资产、存货、无形资产
13. 某企业"应付账款"明细账期末余额情况如下:"应付账款——X 企业"贷方余额为 200 000 元,"应付账款——Y 企业"借方余额为 180 000 元,"应付账款——Z 企业"贷方余额为 300 000 元。假如该企业"预付账款"明细账均为借方余额。则根据以上数据计算的反映在资产负债表上"应付账款"项目的数额为(   )元。
    A. 680 000   B. 320 000   C. 500 000   D. 80 000
14. 编制财务报表时,以"收入－费用＝利润"这一会计等式作为编制依据的财务报表是(   )。
    A. 利润表   B. 所有者权益变动表
    C. 资产负债表   D. 现金流量表
15. 资产负债表所依据的基本等式是(   )。
    A. 资产＝所有者权益   B. 资产＝负债
    C. 负债＝资产－所有者权益   D. 资产＝负债＋所有者权益
16. 期末,若"预付账款"科目有贷方余额,应将其计入资产负债表中的项目是(   )。
    A. 预收账款   B. 应收账款   C. 应付账款   D. 其他应付款
17. 资产负债表的"未分配利润"项目,应根据(   )填列。

A."本年利润"科目余额

B."资本公积"科目余额

C."利润分配"科目余额

D."本年利润"和"利润分配"科目的余额计算

18.某企业"应付账款"科目月末贷方余额50 000元,其中:"应付甲公司账款"明细科目贷方余额30 000元,"应付乙公司账款"明细科目贷方余额20 000元,"预付账款"科目贷方余额35 000元,其中:"预付A工厂账款"明细科目贷方余额55 000元,"预付B工厂账款"明细科目借方余额20 000元。则该企业月末资产负债表"应付账款"项目的金额为( )。

A.105 000元 B.85 000元 C.50 000元 D.35 000元

19.下列现金流量表项目中,能引起现金流量净额变动的是( )。

A.将现金存入银行 B.提取固定资产的折旧

C.用银行存款10万元清偿债务 D.用银行存款购买2个月到期的债券

20.处置固定资产的净损益属于( )产生的现金流量。

A.经营活动 B.筹资活动

C.投资活动 D.经营活动或投资活动

二、多选题

1.下列各项中,属于现金流量表中投资活动产生的现金流量的有( )。

A.分配股利、利润或偿付利息支付的现金

B.构建固定资产、无形资产和其他长期资产支付的现金

C.处置子公司及其他营业单位收到的现金净额

D.购买商品、接受劳务收到的现金

2.利润表的特点有( )。

A.根据相关账户的本期发生额编制 B.根据相关账户的期末余额编制

C.属于静态报表 D.属于动态报表

3.企业中期财务报表至少应当包括( )。

A.资产负债表 B.利润表

C.现金流量表 D.附注

4.以下项目中,会影响营业利润计算的有( )。

A.营业外收入 B.营业税金及附加

C.营业成本 D.销售费用

5.编制资产负债表时,需根据有关总账科目期末余额分析、计算填列的项目有( )。

A.货币资金 B.预付款项 C.存货 D.短期借款

6.资产负债表中的"存货"项目反映的内容包括( )。

A.发出商品 B.材料成本差异

C. 委托加工物资 D. 生产成本

7. 资产负债表中"应收账款"项目应根据( )之和减去"坏账准备"账户中有关应收账款计提的坏账准备期末余额填列。
A. "应收账款"科目所属明细科目的借方余额
B. "应收账款"科目所属明细科目的贷方余额
C. "应付账款"科目所属明细科目的贷方余额
D. "预收账款"科目所属明细科目的借方余额

8. 下列等式正确的有( )。
A. 资产=负债+所有者权益
B. 营业利润=主营业务收入+其他业务收入-主营业务成本-其他业务成本+投资收益+公允价值变动收益
C. 利润总额=营业利润+营业外收入-营业外支出
D. 净利润=利润总额-所得税费用

9. 下列各项中,属于资产负债表中流动资产项目的有( )。
A. 货币资金 B. 预收账款
C. 应收账款 D. 存货

10. 利润表中的"营业成本"项目填列的依据有( )。
A. "营业外支出"发生额 B. "主营业务成本"发生额
C. "其他业务成本"发生额 D. "营业税金及附加"发生额

三、判断题

1. 所有者权益变动表是反应构成所有者权益的各组成部分当期的增减情况的报表。( )

2. 资产负债表是总括反映企业特定日期资产、负债和所有者权益情况的动态报表,通过它可以了解企业的资产构成、资金的来源构成和企业债务的偿还能力。( )

3. 利润表中"营业成本"项目,反映企业销售产品和提供劳务等主要经营业务的各项销售费用和实际成本。( )

4. 实际工作中,为使财务报表及时报送,企业可以提前结账。( )

5. 一套完整的财务报表至少应当包括资产负债表、利润表、现金流量表、所有者权益变动表和附注等部分。( )

6. 资产负债表中"固定资产"项目应根据"固定资产"账户余额减去"累计折旧"、"固定资产减值准备"等账户的期末余额后的金额填列。( )

7. 资产负债表中"货币资金"项目,应根据"银行存款"账户的期末余额填列。( )

8. 营业利润减去管理费用、销售费用、财务费用和所得税费用后得到净利润。( )

9. 资产负债表中的"长期待摊费用"项目应根据"长期待摊费用"科目的余额直接填列。

( )

10. 季度、月度财务会计报告通常仅指财务报表,至少应该包括资产负债表、利润表和现金流量表。( )

四、计算题

1. 甲公司为增值税一般纳税人,适用的增值税税率是17%,所得税税率是25%,年末一次确认全年所得税费用。商品、材料销售均不含增值税,商品、材料销售成本随销售收入的确认逐笔结转,本年利润采用表结法核算。有关资料如下:

资料1:2008年甲公司营业收入为1 500万元,营业利润率为12.3%,净资产收益率为5.6%。

资料2:2009年1月至11月甲公司损益类科目累计发生额如下表所示。

单位:万元

科目名称	借方发生额	贷方发生额	科目名称	借方发生额	贷方发生额
主营业务收入		1 650	销售费用	42	
主营业务成本	1 320		管理费用	38	
其他业务收入		160	财务费用	19	
其他业务成本	85		营业外收入		90
营业税金附加	26		营业外支出	78	

资料3:2009年12月份甲公司发生如下交易或事项:

(1)12月5日,向乙公司销售商品一批,开出的增值税专用发票上注明的价款为60万元,增值税税额为10.2万元,销售商品实际成本为45万元。提货单和增值税专用发票已交购货方,并收到购货方开出的商业承兑汇票。

(2)12月10日,向丙公司销售A材料一批。该批材料的销售价格为5万元,增值税税额为0.85万元,销售材料实际成本为4万元。A材料已发出,销售款项存入银行。

(3)12月18日,结转固定资产净收益8万元。

(4)12月31日,计提公司管理部门固定资产折旧5万元,摊销公司管理部门用无形资产成本8万元。

(5)12月31日,确认本月交的城市维护建设税2万元,教育费附加1万元。

(6)12月31日,确认本年所得税费用75万元。

资料4:2009年甲公司平均净资产为3 000万元。

假定除上述资料外,不考虑其他相关因素。

要求:

(1)根据资料3中(1)至(6)项业务,编制甲公司相应的会计分录。

(2)根据资料2、资料3所编制的会计分录,编制甲公司2009年度利润表。(答案中的金

额单位用万元表示)

2. W 股份有限公司 2008 年有关资料如下：

(1)1 月 1 日部分总账及其所属明细账余额如表所示：

单位：万元

总 账	明细账	借或贷	余额
应收账款	——A 公司	借	600
坏账准备		贷	30
长期股权投资	——B 公司	借	2 500
固定资产	——厂房	借	3 000
累计折旧		贷	900
固定资产减值准备		贷	200
应付账款	——C 公司	借	150
	——D 公司	贷	1 050
长期借款	——甲银行	贷	300

注：①该公司未单独设置"预付账款"会计科目。

②表中长期借款为 2007 年 10 月 1 日从银行借入，借款期限 2 年，年利率 5%，每年付息一次。

(2)2008 年 W 股份有限公司发生如下业务：

①3 月 10 日，收回上年已作为坏账转销的应收 A 公司账款 70 万元并存入银行。

②4 月 15 日，收到 C 公司发来的材料一批并验收入库，增值税专用发票注明货款 100 万元，增值税 17 万元，其款项上年已预付。

③4 月 20 日，对厂房进行更新改造，发生后续支出总计 500 万元，所替换的旧设施账面价值为 300 万元(该设施原价 500 万元，已提折旧 167 万元，已提减值准备 33 万元)。该厂房于12 月 30 日达到预定可使用状态，其后续支出符合资本化条件。

④1 至 4 月该厂房已计提折旧 100 万元。

⑤6 月 30 日从乙银行借款 200 万元，期限 3 年，年利率 6%，每半年付息一次。

⑥10 月份以票据结算的经济业务有(不考虑增值税)：持银行汇票购进材料 500 万元；持银行本票购进库存商品 300 万元；签发 6 个月的商业汇票购进物资 800 万元。

⑦12 月 31 日，经计算本月应付职工工资 200 万元，应计提社会保险费 50 万元。同日，以银行存款预付下月住房租金 2 万元，供该住房公司高级管理人员免费居住。

⑧12 月 31 日，经减值测试，应收 A 公司账款预计未来现金流量现值为 400 万元。

⑨W 股份有限公司对 B 公司的长期股权投资采用权益法核算，其投资占 B 公司的表决权股份的 30%。2008 年 B 公司实现净利润 9 000 万元。长期股权投资在资产负债表日不存在

减值迹象。

除上述资料外,不考虑其他因素。

要求:

(1)计算 W 股份有限公司 2008 年 12 月 31 日资产负债表下列项目的年末余额。(金额单位用万元表示)

①应收账款。

②预付款项。

③长期股权投资。

④固定资产。

④应付票据。

⑥应付账款。

⑦应付职工薪酬。

⑧长期借款。

(2)编制相关会计分录。

参考答案

第一章 总论

一、单选题

1. A	2. A	3. B	4. C	5. D
6. C	7. A	8. A	9. A	10. B
11. D	12. D	13. B	14. A	

二、多选题

| 1. ABCD | 2. BCD | 3. BC | 4. BCD | 5. ABC |
| 6. AD | 7. ABCD | 8. ABD | 9. CD | 10. CD |

三、判断题

| 1. × | 2. × | 3. × | 4. √ | 5. √ |
| 6. √ | 7. × | 8. × | 9. × | 10. × |

四、简答题

1. 答：会计假设是对会计信息系统运行所依存的客观环境中与会计相关的因素进行的抽象与概括相关的因素，是企业进行会计确认计量和报告的前提。目前我国的会计假设包括会计主体、持续经营、会计期间、货币计量。

2. 答：资产，是指企业过去的交易或者事项形成的、由企业拥有或者控制的、预期会给企业带来经济利益的资源。

根据资产的定义，资产具有以下三个方面的特征。

（1）资产预期会给企业带来经济利益。

（2）资产应为企业拥有或者控制的资源。

（3）资产是由企业过去的交易或者事项形成的。

3. 答：会计信息的质量要求包括有用性、相关性、可靠性、及时性、可比性、重要性等。其中，有用性是最高层次的会计信息质量要求。有用的会计信息必须是使用者能加以理解的，因此，信息的可理解性是有用性的前提。有用的会计信息必须相关与可告。会计信息的相关性是指提供的信息与信息使用者所要达到的目的相关，主要包括：一是提供的信息能够帮助使用者预测未来事项的结果，提高使用者决策的准确性，具有一定的预测价值；二是提供的信息能够把过去决策所产生的实际结果反馈给使用者,使之与当初的预测结查进行比较和修正,具有反馈价值;三是提供的信息能够在使用者需要的时间段内及时发布,具有及时性。会计信息的可靠性是指信息能够确切地表达经济活动的本来面目。主要包括:一是提供的会计信息必须与会计核算的客观事实相一致,即真实性;二是提供的会计信息必须保持中立的立场,不偏袒任何一方信息使用者,即中立性;三是提供的会计信息必须是可以核实的,即可核性。会计信息还应具有可比性和一致性,可比性强调在同行业企业间会计政策、会计程序和方法的相互可比,从而使信息使用者能够对不同企业的会计信息的分析和比较。一致性强调某一企业在不同期间应尽可能做到选择会计政策、会计程序和方法的一贯性,从而使信息使用者对某一企业财务状况和经营成果前后变化的情况给予比较。会计信息还要对重要的经济事项及其影响,在会计上必须给予可告的详尽揭示,而对次要的信息可以适当简化或省略,即披露重要的会计信息。

第二章 货币资金

一、单选题

1. D　　2. D　　3. D　　4. C　　5. A
6. A　　7. D　　8. A　　9. D　　10. B
11. D　　12. C

二、多选题

1. AD　　2. BD　　3. ABC　　4. ABC　　5. ACD
6. ABCD　　7. AD　　8. AB　　9. BC　　10. ABD

三、判断题

1. √　　2. ×　　3. ×　　4. ×　　5. ×
6. √　　7. ×　　8. √　　9. ×　　10. ×

四、简答题

1. 答:(1)职工工资、津贴;

(2)个人劳务报酬;

(3)根据国家规定颁发给个人的科学技术、文化艺术、体育等各种奖金;

(4)各种劳保、福利费用以及国家规定的对个人的其他支出;

(5)向个人收购农副产品和其他物资的价款;

(6)出差人员必须随身携带的差旅费;

(7)结算起点以下的零星支出;

(8)中国人民银行确定需要支付现金的其他支出。

2. 答:货币资金的内部控制制度是指单位内部为了保护其货币资金的安全完整和有效运

用,保证货币资金收付的真实和合法,在分工基础上建立起来的相互制约的管理体系。有效的内部控制主要表现在以下几个方面:①货币资金的授权批准控制;②职务分离控制;③凭证稽核控制;④货币资金定期盘点与核对控制,钱账分管、收支分管制度等。

3. 答:企业库存现金的管理应遵守国务院颁布的《现金管理暂行条例》和中国人民银行颁布的《现金管理实施办法》的有关规定。包括一是规定现金使用范围;二是规定了库存现金限额及送存银行的期限;三是规定不准坐支现金,即不得将单位收入的现金不通过银行直接用于本单位的支出;四是不准携带大量现金外出采购;五是现金管理上应严格遵守"管账不管钱,管钱不管账,钱账分开管理"的原则,配备专职出纳员。同时规定库存现金不得"白条顶库",不准保留账外公款,不准用银行账户代其他单位和个人存取现金,不准套取现金,不准将公款私存等。

4. 答:银行本票是银行向客户收妥款项后签发给在同城范围内办理转账结算或支取现金的票据。主要分为不定额本票和定额本票两种。应注意以下三点:一是银行本票一律记名,允许背书转让;二是银行本票的付款期限自出票日起最长不超过 2 个月,逾期的银行本票,兑付银行不予受理;三是银行本票见票即付,不予挂失,遗失的不定额本票在付款期满后一个月,确未冒领,可以办理退款。

5. 答:银行汇票是出票银行签发的,由其在见票时按照实际结算金额无条件支付给收款人或持票人的票据,使用银行汇票结算时,应注意以下几点:一是银行汇票的签发解讫,只限于参加全国联行往来的银行机构;二是银行汇票一律记名,付款期限自出票日起 1 个月,逾期汇票,兑付银行不予受理;三是银行汇票遗失,在付款期满后一个月,确未冒领的,可以办理退款手续。

6. 答:商业汇票是出票人签发的,委托付款人在指定日期无条件支付确定金额给收款人或持票人的票据。按照承兑人的不同,可分为商业承兑汇票和银行承兑汇票。采用商业汇票办理结算有以下优点:一是商业信用票据化;二是具有较强的信息;三是便利商品交易;四是与融通资金相结合。

五、计算题

1. (1) 借:银行存款　　　　　　　　　　　　　　　　　　　　　1 000
　　　　贷:库存现金　　　　　　　　　　　　　　　　　　　　　1 000
　 (2) 借:备用金　　　　　　　　　　　　　　　　　　　　　　　2 000
　　　　贷:库存现金　　　　　　　　　　　　　　　　　　　　　2 000
　 (3) 借:管理费用　　　　　　　　　　　　　　　　　　　　　　 500
　　　　贷:库存现金　　　　　　　　　　　　　　　　　　　　　 500
　 (4) 借:其他应收款——李某　　　　　　　　　　　　　　　　　 800
　　　　贷:库存现金　　　　　　　　　　　　　　　　　　　　　 800
　 (5) 借:管理费用　　　　　　　　　　　　　　　　　　　　　　 600

	贷:库存现金	600
(6)	借:库存现金	2 000
	贷:银行存款	2 000
(7)	借:管理费用	700
	库存现金	100
	贷:其他应收款——李某	800
(8)	借:库存现金	702
	贷:主营业务收入	600
	应交税费——应交增值税(销项税额)	102
(9)	借:库存现金	50
	贷:待处理财产损溢——待处理流动资产损溢	50
	借:待处理财产损溢——待处理流动资产损溢	50
	贷:营业外收入	50
(10)	借:待处理财产损溢——待处理流动资产损溢	100
	贷:库存现金	100
(11)	借:管理费用——办公费	500
	贷:库存现金	500
(12)	借:库存现金	50
	贷:营业外收入	50

2.
(1)	借:银行存款	250 000
	贷:实收资本	250 000
(2)	借:短期借款	200 000
	贷:银行存款	200 000
(3)	借:银行存款	50 000
	贷:应收账款	50 000
(4)	借:原材料	100 000
	应交税费——应交增值税(进项税额)	17 000
	贷:银行存款	117 000
(5)	借:管理费用	1 800
	贷:银行存款	1 800
(6)	借:应交税费——应交企业所得税	3 500
	贷:银行存款	3 500
(7)	借:应付账款——A 公司	1 850
	贷:银行存款	1 850

(8) 借:应收账款　　　　　　　　　　　　　　　　　　58 500
　　　贷:主营业务收入　　　　　　　　　　　　　　　　50 000
　　　　　应交税费——应交增值税(销项税额)　　　　　 8 500
(9) 借:在途物资　　　　　　　　　　　　　　　　　　40 000
　　　　应交税费——应交增值税(进项税额)　　　　　 6 800
　　　贷:应付票据　　　　　　　　　　　　　　　　　　46 800
(10) 借:银行存款　　　　　　　　　　　　　　　　　　35 100
　　　贷:主营业务收入　　　　　　　　　　　　　　　　30 000
　　　　　应交税费——应交增值税(销项税额)　　　　　 5 100
(11) 借:银行存款　　　　　　　　　　　　　　　　　　81 900
　　　贷:主营业务收入　　　　　　　　　　　　　　　　70 000
　　　　　应交税费——应交增值税(销项税额)　　　　　11 900
(12) 借:在途物资　　　　　　　　　　　　　　　　　　10 500
　　　　应交税费——应交增值税(进项税额)　　　　　 1 700
　　　贷:银行存款　　　　　　　　　　　　　　　　　　12 200
(13) 借:银行存款　　　　　　　　　　　　　　　　　　58 500
　　　贷:应收账款　　　　　　　　　　　　　　　　　　58 500
(14) 借:销售费用——广告费　　　　　　　　　　　　　 5 000
　　　贷:银行存款　　　　　　　　　　　　　　　　　　 5 000
(15) 借:库存现金　　　　　　　　　　　　　　　　　　50 000
　　　贷:银行存款　　　　　　　　　　　　　　　　　　50 000

3.

银行存款余额调节表
2012 年 3 月 31 日

项目	金额	项目	金额
企业银行存款日记账余额	256 000	银行对账单余额	265 000
加:银行已收,企业未收款	12 000	加:企业已收,银行未收款	2 000
减:银行已付,企业未付款	4 000	减:企业已付,银行未付款	3 000
调节后的存款余额	264 000	调节后的存款余额	264 000

甲公司 2012 年 3 月 31 日可动用的银行存款数额为　　　　　　　　264 000

4. (1) 借:其他货币资金——信用卡存款　　　　　　　　50 000
　　　贷:银行存款　　　　　　　　　　　　　　　　　　50 000
(2) 借:其他货币资金——银行汇票存款　　　　　　　　200 000

贷:银行存款	200 000
(3)借:其他货币资金——外埠存款	100 000
贷:银行存款	100 000
(4)借:其他货币资金——银行本票存款	20 000
贷:银行存款	20 000
(5)借:管理费用——业务招待费	4 000
贷:其他货币资金——信用卡存款	4 000
(6)借:应付账款	180 000
贷:其他货币资金——银行汇票存款	180 000
(7)借:在途物资	80 000
应交税费——应交增值税(进项税额)	13 600
贷:其他货币资金——外埠存款	93 600
(8)借:银行存款	26 400
贷:其他货币资金——外埠存款	6 400
——银行汇票存款	20 000

第三章　应收款项

一、单选题

1. C	2. C	3. B	4. B	5. C
6. D	7. D	8. B	9. B	10. B
11. D	12. A	13. C	14. A	

二、多选题

1. ABC	2. ABD	3. ABD	4. ACD	5. AC
6. AD	7. ABC	8. ABD	9. CD	10. ABCD

三、判断题

1. ×	2. √	3. ×	4. √	5. √
6. ×	7. ×	8. ×	9. ×	10. ×

四、简答题

1.答:第一,应收账款是由于商业信用而产生的,即由于赊销业务而产生的。现金销售业务不会产生应收账款。第二,应收账款是由于企业与外单位之间因销售商品或提供劳务等经营业务而产生的。企业与外单位之间的其他往来关系,如企业与上下级单位之间的资金调拨、各种赔款和罚款、存出保证金和押金等,以及企业与内部各部门和职工个人之间的备用金和各种代垫款项等,都不属于应收账款,而是通过"其他应收款"等账户单独反映。第三,企业应收账款的产生一般都有表明产品销售和劳务提供过程已经完成、债权债务关系已经成立的书面文件,如产品出库单和发票、发货单等。如果购货方以票据的方式进行特定日期付款的书面承诺,则会计核算上将其作为应收票据而不作为应收账款反映。第四,应收账款的回收期一般都在一年或长于一年的一个经营周期内。

2. 答:坏账是无法收回的应收账款,因坏账而产生的损失称为坏账损失。我国现行会计制度规定,将应收账款确认为坏账应符合下列条件之一:一是债务人破产,依照破产清算程序进行清偿后,确实无法收回的部分;二是债务人死亡,既无财产可供清偿,又无义务承担人,确实无法收回的部分;三是债务人逾期未履行偿债义务超过3年,确实不能收回的应收账款。

3. 答:不带息应收票据的到期价值等于应收票据的面值。企业应当设立"应收票据"账户进行核算。收到应收票据时,按票面金额借记"应收票据"账户,贷记"应收账款"、"主营业务收入"等账户,应收票据到期收回的票面金额,借记"银行存款"账户,贷记"应收票据"账户;商业承兑汇票到期,承兑人违约拒付或无力偿还票款,收款企业应将到期票据的票面金额转入"应收账款"账户。带息应收票据的到期价值等于面值加上应计利息,其核算账户和步骤与不带息票据基本相同,只是在票据到期前的中期、期末和年度终了时要计提利息,作为利息收入计入当期财务费用,并增加应收票据的账面价值。

4. 答:应收票据面值是出票方在商业汇票上注明的价值。应收票据到期价值是票据到期时兑换的价值,对不带息票据而言到期价值等面值,而带息票据的到期价值等于面值加上按票面利率计算的到期利息。应收票据的账面价值是指在账面上记录的应收票据价值,对于不带息票据而言,其账面价值无论在票据取得时还是票据到期时都是一样的,即就等于面值;而对于带息票据(尤其是跨年度的带息票据)来讲,其账面价值在不同时期是不同的,即在取得票据时等于面值,在存续期间等于面值加上已发生的应计利息,在到期时等于面值加上到期的应计利息。

5. 答:特点:一是票据贴现应办理背书手续,即持票人在票据背面签章并注明背书人;二是要根据贴现期和贴现率计算贴现息以及贴现净额;三是贴现企业可能因此而承担连带付款责任。对于带追索权的应收票据贴现,当出票人不按期付款时,银行有权向申请贴现的企业追索。因此,应收票据贴现时,贴现企业承担着潜在的债务,这种债务可能发生也可能不发生,具体应视票据到期时付款方是否及时足额付款。会计上将这种潜在的债务称为或有负债。

6. 答:直接转销法是在实际发生坏账时确认坏账损失并计入当期损益的方法。这一方法是在发生坏账时,借记"管理费用"账户,贷记"应收账款"账户。如果已经确认的坏账由于某种原因又如数收回,为了能过"应收账款"账户系统反映顾客的信用状况,应先冲销发生坏账时的会计分录,再按正常程序反映应收账款的收回。直接转销法的优点是账务处理比较简单,但这种方法忽视了坏账损失与赊销的内在关系,不符合权责发生制和配比原则的要求,同时,期末资产负债表中列示的应收账款数额是其账面价值,而不是可变现价值,因而在一定程度上夸大了资产数额。备抵法是按期估计坏账并作为坏账损失计入当期管理费用,形成坏账准备,当某一应收账款全部或部分确认为坏账时,将其金额冲减坏账准备并相应转销应收账款的方法,在这种方法下,应设置"坏账准备"账户进行核算,该账户是"应收账款"的备抵账户,其贷方反映坏账准备的提取数额,借方反映坏账准备的转销数额,贷方余额反映已经提取尚未转销的坏账准备数额。在资产负债表上,"应收账款"应以其净额列示,表示应收账款的可收回净额。采用备抵法时首先应按期估计坏账,估计坏账的方法一般有应收账款余额百分比法,账龄分析法和赊销百分比法。

7. 答:预付账款是指企业因购进货物、接受劳务而按合同预付给供应方款项所产生的短期债权,如预付商品或材料的采购款、发放的农副产品预购定金等。应收账款是企业因销售商品、提供劳务等业务,应向客户收取的款项,它是企业的一项债权。预付账款与应收账款都应利于企业的债权,但两者产生的原因不同。应收账款是企业应收的销货款,即应向购货方客户收取款项;预付账款是企业的购货款,即预先付给供货方客户的款项。

8. 答:其他应收款是指企业除应收账款、应收票据、预付账款以外的各种应收、暂付给其他单位和个人的款项,包括应收的各种赔款、罚款、存出保证金、股利、利润、利息以及应向职工收取的各种垫付款项。其他应收款是企业在购销活动之外产生的短期债权。企业应设置"其他应收款"账户核算上述其他应收款业务,借方登记各种其他应收款项的发生,贷方登记其他应收款项的收回,期末借方余额反映已经发生尚未收回的其他应收款。该账户应按不同的债务人设置明细账。企业也可以根据需要,分别将应收的股利、利息单独设置"应收股利"、"应收利息"账户进行核算。

五、计算题

1. (1) 票据到期利息 = 1 872 000×9%×90/360 = 42 120(元)

   (2) 票据到期值 = 1 872 000+42 120 = 1 914 120(元)

   (3) 贴现利息 = 1 914 120×7.2%×60/360 = 22 969.44(元)

   (4) 贴现金额 = 1 914 120−22 969.44 = 1 891 150.56(元)

2. (1) 借:应收票据　　　　　　　　　　　　　　　　　7 000
       　　银行存款　　　　　　　　　　　　　　　　　4 500
       　　　贷:主营业务收入　　　　　　　　　　　　　9 829.05
       　　　　　应交税费——应交增值税(销项税额)　　1 670.95

   (2) 收到广安公司票据本息

   利息 = 7 000×8%×60/360 = 93.33(元)

   借:银行存款　　　　　　　　　　　　　　　　　　7 093.33
   　　贷:应收票据　　　　　　　　　　　　　　　　7 000
   　　　　财务费用　　　　　　　　　　　　　　　　93.33

   (3) 借:应收票据　　　　　　　　　　　　　　　　　8 000
       　　　贷:应收账款——兴华公司　　　　　　　　8 000

(4)票据到期值＝8 000+8 000×7%×90/360＝8 140(元)

贴现息＝8 140×8%×80/360＝144.71(元)

贴现所得净额＝8 140－144.71＝7 995.29(元)

借：银行存款　　　　　　　　　　　　　　　　　　　　　　　7 995.29

　　财务费用　　　　　　　　　　　　　　　　　　　　　　　　　　4.71

　　贷：应收票据　　　　　　　　　　　　　　　　　　　　　　　8 000

(5)借：应收票据　　　　　　　　　　　　　　　　　　　　　　16 000

　　贷：应收账款——红星公司　　　　　　　　　　　　　　　　16 000

(6)票据到期值＝16 000+16 000×8%×60/360＝16 213.33(元)

贴现息＝16 213.33×9%×54/360＝218.88(元)

贴现所得净额＝16 213.33－218.88＝15 994.45(元)

借：银行存款　　　　　　　　　　　　　　　　　　　　　　　15 994.45

　　财务费用　　　　　　　　　　　　　　　　　　　　　　　　　　5.55

　　贷：应收票据　　　　　　　　　　　　　　　　　　　　　　16 000

(7)借：应收账款——红星公司　　　　　　　　　　　　　　　16 213.33

　　贷：银行存款　　　　　　　　　　　　　　　　　　　　　16 213.33

(8)逾期利息＝16 213.33×8%×30/360＝108.10(元)

第四章　存货

一、单选题

1. B	2. B	3. D	4. A	5. A
6. C	7. B	8. D	9. C	10. B
11. C	12. C	13. A	14. B	15. D
16. A	17. B	18. A	19. B	20. C
21. C	22. C	23. D	24. B	25. C
26. B	27. A	28. A	29. B	30. C
31. C	32. B	33. C		

二、多选题

1. BCD	2. ABC	3. ABD	4. AC	5. ACD
6. ABC	7. BD	8. ABD	9. ACD	10. ABD
11. BD	12. ABCD	13. AD	14. ABC	15. BCD
16. ACD	17. ABD	18. CD	19. ACD	20. BD
21. AB				

三、判断题

1. √   2. ×   3. √   4. ×   5. ×
6. √   7. ×   8. ×   9. ×   10. √
11. ×   12. √   13. √   14. ×

四、简答题

1. 答：企业在发生存货时，需采用一定的方法计算确定发生存货的单位成本，以便计算发生存货的实际成本。存货发出成本计价方法主要有：个别计价法、先进先出法、加权平均法、移动加权平均法等。

2. 答：数量进价金额核算法是指同时以数量和进价金额反映商品增减变动及结存情况的核算方法。基本内容包括：一是"库存商品"总账以商品进价反映商品的增减变动及结存情况；二是"库存商品"账户一般按商品种类、品名、规格及存放地点等设置明细账户，并以数量和进价金额反映商品的增减变动及结存情况；三是商品品种较多时，在"库存商品"总账与"库存商品"明细账之间按商品的大类设置"库存商品"类目账，又称二级账，它只按进价金额反映商品的增减变动及其结存情况；四是按商品品名、规格等由仓库设置商品保管账，反映商品的增减变动及结存数量，并定期与"库存商品"明细账进行核对。

3. 答：售价金额核算法是指以售价金额反映商品增减变动及结存情况的核算方法。这种方法又称"售价记账，实物负责制"，它是将商品核算方法与商品管理制度相结合的核算制度，其基本内容包括：一是"库存商品"明细账按实物负责人（或柜组）设置，"库存商品"总账与明细账一律按商品售价记账；二是设置"商品成本差异"调整账户，反映商品售价与进价之间的差额，"商品成本差异"明细账也按实物负责人（或柜组）设置；三是建立和健全商品的购进、销售、定价、盘点、损耗及差错等管理制度和方法；四是商品销售后，按一定方法计算已销商品的进销差价，并根据已销商品的售价及已销商品进销差价计算已销商品的进价成本。

4. 答："材料成本差异"账户用来核算企业各种材料的实际成本与计划成本之间的差异。其借方反映验收入库材料的实际成本大于计划成本的超支差异，贷方反映验收入库材料的实际成本低于计划成本的节约差异，以及发出材料应负担的材料成本差异（超支差异用蓝字，节约差异用红字）。该账户期末若为借方余额，表示库存材料的实际成本大于计划成本的超过差异；若余额在贷方，则表示库存材料的实际成本低于计划成本的节约差异。本账户应分别按材料的类别或品种设置明细账。

5. 答：企业在进行存货核算时，应对其正确地计价。因为存货发出的计价方法的选择关系到存货的期末价值的确定，而期末存货价值正确与否直接影响本年利润。本期期末存货价值如多计会使本期销售成本偏低，从而会夸大本期的利润，虚报企业资产，也会使下期期初存货价值多计，使下期的销货成本偏高，少计下期利润。反之，本期期末存货价值少计，又会导致本期销售成本偏高，使本期利润少计，少计企业资产，夸大了下期的利润。因此，对发出存货的计价不准确，会歪曲企业的经营成果和财务状况，最终影响企业财务报表的正确性和应交税利润的计算。

五、计算题

1.（1）先进先出法

发出材料的成本：200×10+500×9.8＝2 000+4 900＝6 900（元）

（2）加权平均法

加权平均成本：(200×10+500×9.8+200×10.2+300×10.25)÷(200+500+200+300)＝10.01（元）

月末结存材料成本为(1 200-100-300-200-100)×10.01＝5 005（元）

本月发出材料成本为 12 015-5 005＝7 010（元）

（3）移动加权平均法

第一次购货后的加权平均成本：(200×10+500×9.8)÷(200+500)≈9.86（元）

6日、8日发出存货成本：400×9.86＝3 944（元）

第二次购货后的加权平均成本：(6 900-3 944+200×10.2)÷(300+200)≈9.99（元）

12日、18日发出存货成本：300×9.99＝2 997（元）

第三次购货后的加权平均成本：(4 996-2 997+300×10.25)÷(200+300)≈10.15（元）

本月发出存货成本：3 944+2 997＝6 941（元）

2.（1）购入甲材料时

借：材料采购——甲材料	600 000
应交税费——应交增值税（进项税额）	102 000
贷：银行存款	702 000
借：原材料——甲材料	660 000
贷：材料采购——甲材料	600 000
材料成本差异——甲材料	60 000

（2）购入甲材料时

借：材料采购——甲材料	200 000
贷：银行存款	200 000
借：原材料——甲材料	190 000
材料成本差异——甲材料	10 000
贷：材料采购——甲材料	200 000

（3）领用甲材料时

借：生产成本	400 000
贷：原材料——甲材料	400 000

（4）月末计算材料成本差异并结转

甲材料成本差异率＝(40 000-60 000+10 000)/(2 000 000+600 000+190 000)＝-0.36%

发出材料负担的成本差异=400 000×(-0.36%)=-1 440(元)

借:材料成本差异 1 440
  贷:生产成本 1 440

3.(1)5日购入材料时

借:材料采购 204 000
  应交税费——应交增值税(进项税额) 34 000
  贷:应付票据 238 000
借:原材料 200 000
  材料成本差异 4 000
  贷:材料采购 204 000

(2)20日,购入材料时

借:材料采购 99 000
  应交税费——应交增值税(进项税额) 16 830
  贷:银行存款 115 830
借:原材料 100 000
  贷:材料采购 99 000
    材料成本差异 1 000

(3)领用材料时

借:生产成本 150 000
  制造费用 50 000
  在建工程 120 000
  贷:原材料 320 000

(4)月末,计算材料成本差异并结转

材料成本差异率=(-2%×1 000×101 010 100 000+4 000-1 000)/(100 000+200 000+100 000)=0.25%

产品负担的成本差异=150 000×0.25%=375(元)
车间负担的成本差异=50 000×0.25%=125(元)
在建工程的成本差异=120 000×0.25%=300(元)

借:生产成本 375
  制造费用 125
  在建工程 300
  贷:材料成本差异 800
借:在建工程 20 451
  贷:应交税费——应交增值税(进项税额转出)20 451

4.（1）7日,购入商品时

购货价格=5 000×20×(1−2%)=98 000(元)

税金=98 000×17%=16 660(元)

借:材料采购	98 000
应交税费——应交增值税(进项税额)	16 660
贷:银行存款	114 660

20日,验收入库时

短缺部分成本为100×20×(1−2%)=1 960(元)

借:原材料	96 040
待处理财产损溢——待处理流动资产损失	1 960
贷:材料采购	98 000

25日,查明原因时

借:其他应收款	2 293.20
贷:待处理财产损溢——待处理流动资产损失	1 960
应交税费——应交增值税(进项税额转出)	333.2

（2）5日,购入材料时

借:材料采购	100 000
应交税费——应交增值税(进项税额)	17 000
贷:银行存款	117 000

12日,验收入库时

入库材料实际成本=990×100=99 000(元)

入库材料计划成本=990×95=94 050(元)

材料成本差异=99 000−94 050=4 950(元)

短缺部分成本为=10×100=1 000(元)

借:原材料	94 050
材料成本差异	4 950
待处理财产损溢——待处理流动资产损失	1 000
贷:材料采购	100 000

20日,查明原因时

保险赔偿=1 000(1+17%)×80%=936(元)

转营业外支出数=1 000(1+17%)×20%=234(元)

借:其他应收款——保险公司	936
营业外支出	234
贷:待处理财产损溢——待处理流动资产损失	1 000

应交税费——应交增值税(进项税额转出)	170

5.(1)发出原材料时

借:委托加工物资	48 500
材料成本差异	1 500
贷:原材料	50 000

(2)支付加工费时

借:委托加工物资	10 000
应交税费——应交增值税(进项税额)	1 700
贷:应付账款	11 700
借:委托加工物资	1 000
贷:银行存款	1 000

(3)收回委托加工物资时

借:原材料	60 000
贷:委托加工物资	59 500
材料成本差异	500

6.(1)购进商品时

借:在途物资	250 000
应交税费——应交增值税(进项税额)	42 500
贷:银行存款	292 500
借:库存商品	350 000
贷:在途物资	250 000
商品进销差价	100 000

(2)销售商品时

借:银行存款	234 000
贷:主营业务收入	200 000
应交税费——应交增值税(销项税额)	34 000
借:主营业务成本	200 000
贷:库存商品	200 000

(3)期末,计算售出商品的进销差价并结转

售出商品进销差价=200 000×30%=60 000(元)

借:主营业务成本	60 000
贷:商品进销差价	60 000

7.(1)购进包装物时

借:周转材料	3 000

应交税费——应交增值税(进项税额)		510
贷:银行存款		3 510

(2)生产领用包装物时

借:生产成本		400
贷:周转材料		400

(3)销售产品时

借:销售费用		200
贷:周转材料		200

(4)销售包装物时

借:银行存款		585
贷:其他业务收入		500
应交税费——应交增值税(销项税额)		85
借:其他业务成本		400
贷:周转材料		400

(5)出租包装物时

收取押金时

借:银行存款		8 000
贷:其他应付款		8 000

领用包装物

借:周转材料——出租包装物		6 000
贷:周转材料——库存未用包装物		6 000

收到租金

借:银行存款		819
贷:其他业务收入		700
应交税费——应交增值税(销项税额)		119

摊销

借:其他业务成本		3 000
贷:周转材料——包装物摊销		3 000

(6)收到退回的包装物时

借:其他应付款		6 400
贷:银行存款		6 400
借:周转材料——库存已用包装物		4 800
贷:周转材料——出租包装物		4 800

(7)没收押金时
借:其他应付款 1 600
　　贷:其他业务收入 1 367.5
　　　　应交税费——应交增值税(销项税额) 232.5
借:其他业务成本 600
　　贷:周转材料——包装物摊销 600
借:周转材料——包装物摊销 1 200
　　贷:周转材料——出租包装物 1 200
(8)包装物报废时
借:原材料 200
　　贷:其他业务成本 200
借:其他业务成本 2 400
　　贷:周转材料——包装物摊销 2 400
借:周转材料——包装物摊销 4 800
　　贷:周转材料——库存已用包装物 4 800

8.(1)盘亏时
借:管理费用 100
　　贷:待处理财产损溢——待处理流动资产损失 100
(2)分摊的差异
应负担的成本差异 = 100×1% = 1(元)
借:管理费用 1
　　贷:材料成本差异 1
(3)发生非常损失时
应负担的成本差异 = 20 000×1% = 200(元)
借:待处理财产损溢 20 200
　　贷:库存商品 20 000
　　　　材料成本差异 200
处理时:
保险赔偿 = 20 200×50% = 10 100(元)
保管人赔偿 = 20 200×25% = 5 050(元)
定额损耗 = 20 200×5% = 1 010(元)
借:其他应收款——保险公司 10 100
　　　　　　　——保管人 5 050
　　管理费用 1 010

原材料　　　　　　　　　　　　　　　　　　　　　　　202
　　营业外支出　　　　　　　　　　　　　　　　　　　　3 838
　　　贷:待处理财产损溢——待处理流动资产损失　　　　20 200

9. 甲材料期末实际成本=1 650×20-1 000=32 000(元)

单位成本=32 000/10=3 200(元)

有合同部分的实际成本=3 200×8=25 600(元)

有合同部分的可变现净值=[4 500×(1-10%)-2 000]×8=16 400(元)

其减值=25 600-16 400=9 200(元)

无合同部分的实际成本=3 200×2=6 400(元)

无合同部分的可变现净值=[5 000×(1-10%)-2 000]×2=5 000(元)

其减值=6 400-5 000=1 400(元)

减值合计为 9 200+1 400=10 600(元)

借:资产减值损失　　　　　　　　　　　　　　　　　10 600
　　贷:存货跌价准备　　　　　　　　　　　　　　　　10 600

10. (1)2006 年末,应计提的存货跌价准备:200 000-190 000=10 000(元)

借:资产减值损失　　　　　　　　　　　　　　　　　10 000
　　贷:存货跌价准备　　　　　　　　　　　　　　　　10 000

(2)2007 年 6 月 30 日,补提的跌价准备:200 000-188 000-10 000=2 000(元)

借:资产减值损失　　　　　　　　　　　　　　　　　2 000
　　贷:存货跌价准备　　　　　　　　　　　　　　　　2 000

(3)2007 年 7 月 20 日

售出产品应转出存货跌价准备为:80 000/200 000×12 000=4 800(元)

借:存货跌价准备　　　　　　　　　　　　　　　　　4 800
　　贷:主营业务成本　　　　　　　　　　　　　　　　4 800

(4)2007 年末,补提的跌价准备为:200 000-199 000-(12 000-4 800)=-6 200(元)

借:存货跌价准备　　　　　　　　　　　　　　　　　6 200
　　贷:资产减值损失　　　　　　　　　　　　　　　　6 200

(5)2008 年 6 月 30 日,跌价状况已经消失,跌价准备的余额全部转回

借:存货跌价准备　　　　　　　　　　　　　　　　　1 000
　　贷:资产减值损失　　　　　　　　　　　　　　　　1 000

11. (1)有合同约定部分

可变现减值:10 000×1.5-10 000×0.1=14 000(万元)

账面成本:10 000×1.4=14 000(万元)

计提存货跌价准备:14 000-14 000=0

(2)没有合同约定部分

可变现净值:3 000×1.4-3 000×0.1=3 900(万元)

账面成本:3 000×1.4=4 200(万元)

计提存货跌价准备:4 200-3 900=300(万元)

(3)会计分录

借:资产减值损失　　　　　　　　　　　　　　　　　　　300

　　贷:存货跌价准备　　　　　　　　　　　　　　　　　　300

(4)2009年3月6日向南方公司销售电子设备时

借:银行存款　　　　　　　　　　　　　　　　　　　　17 550

　　贷:主营业务收入　　　　　　　　　　　　　　　　15 000

　　　　应交税费——应交增值税(销项税额)　　　　　　2 550

借:主营业务成本　　　　　　　　　　　　　　　　　　14 000

　　贷:库存商品　　　　　　　　　　　　　　　　　　14 000

(5)2009年4月6日销售电子设备时

借:银行存款　　　　　　　　　　　　　　　　　　　　140.4

　　贷:主营业务收入　　　　　　　　　　　　　　　　　120

　　　　应交税费——应交增值税(销项税额)20.4

借:主营业务成本　　　　　　　　　　　　　　　　　　140

　　贷:库存商品　　　　　　　　　　　　　　　　　　140

应结转存货跌价准备:300/4 200×140=10(万元)

借:存货跌价准备　　　　　　　　　　　　　　　　　　10

　　贷:主营业务成本　　　　　　　　　　　　　　　　10

第五章　金融资产及长期股权投资

一、单选题

1. A　　2. C　　3. B　　4. B　　5. A
6. C　　7. B　　8. C　　9. B　　10. D
11. C　　12. C　　13. A　　14. D　　15. D
16. D

二、多选题

1. AD　　2. AC　　3. AB　　4. ABD　　5. BD
6. ACD　　7. AB　　8. AB　　9. ABD　　10. ABD
11. ABD

三、判断题

1. ×   2. ×   3. √   4. ×   5. √
6. ×   7. ×   8. √   9. ×   10. ×
11. √

四、简答题

1. 答：长期股权投资核算的成本法是指长期股权投资以取得股权时的成本计价。其后，除了投资企业追加投资、收回投资等情形，长期股权投资的账面价值一般保持不变。权益法是指投资最初以投资成本计价，以后根据投资企业享有被投资单位所有者权益份额的变动对投资的账面价值进行调整。两者的相同点：长期股权投资发生时，均按投资成本记账，所确认的投资收益，均限于获得的投资后被投资单位产生的累计净利润的分配额。不同点：一是成本法下，长期投资的账面金额不受被投资单位权益变动的影响，权益法则相反。如被投资单位发生盈亏时，权益法要按所占被投资单位的持股比例计算投资收益或损失，并相应调整增加或减少长期股权投资的账面价值。二是对被投资单位分派的现金股利或利润，成本法下确认为投资收益，权益法下则冲减长期股权投资的账面价值。三是权益法下要求核算股权投资差额，成本法则无此要求。

2. 答：金融资产，是指企业的下列资产：(1)现金；(2)持有的其他单位的权益工具；(3)从其他单位收取现金或其他金融资产的合同权利；(4)在潜在有利条件下，与其他单位交换金融资产或金融负债的合同权利；(5)将来须用或可用企业自身权益工具进行结算的非衍生工具的合同权利，企业根据该合同将收到非固定数量的自身权益工具；(6)将来须用或可用企业自身权益工具进行结算的衍生工具的合同权利，但企业以固定金额的现金或其他金融资产换取固定数量的自身权益工具的衍生工具合同权利除外。

3. 答：金融资产应当在初始确认时划分为以下四类：(1)以公允价值计量且其变动计入当期损益的金融资产，包括交易性金融资产和指定为以公允价值计量且其变动计入当期损益的金融资产；(2)持有至到期投资；(3)贷款和应收款项；(4)可供出售金融资产。

4. 答：(1)到期日固定，回收金额固定或可确定；(2)持有至到期投资属于非衍生金融资产；(3)企业有明确意图将该投资持有至到期；(4)企业有能力将投资持有至到期。

5. 答：直线法的特点是各期的摊销额和投资收益固定不变，但由于随着利息调整借差或贷差的摊销，债券投资成本在不断变化，因而各期的投资收益率也在变化。采用直线法能够简化计算工作，但在一项投资业务中各期投资收益率不同，不能正确反映各期的经营业绩。

实际利率法的特点是各期的投资收益率保持不变，但由于债券投资额在不断变化，使得各期的投资收益也在不断变化；实际利率法下，债券利息调整借差或贷差摊销额是票面利息与投资收益（即实际利率）的差额，在票面利息不变而投资收益变化的情况下，摊销额也是在不断变化的。采用实际利率法能够使一项投资业务中各期投资收益率相同，正确反映经营业绩，但计算工作较为复杂。

五、计算题

1. (1) 编制上述经济业务的会计分录

①2012年5月10日购入时

借:交易性金融资产——成本	600
应收股利	20
投资收益	6
贷:银行存款	626

②2012年5月30日收到股利时

借:银行存款	20
贷:应收股利	20

③2012年6月30日

借:交易性金融资产——公允价值变动	40(200×3.2-600)
贷:公允价值变动损益	40

④2012年8月10日宣告分派时

借:应收股利	40(0.20×200)
贷:投资收益	40

⑤2012年8月20日收到股利时

借:银行存款	40
贷:应收股利	40

⑥2012年12月31日

借:交易性金融资产——公允价值变动	80(200×3.6-200×3.2)
贷:公允价值变动损益	80

⑦2013年1月3日处置

借:银行存款	630
公允价值变动损益	120
贷:交易性金融资产——成本	600
交易性金融资产——公允价值变动	120
投资收益	30

(2) 计算该交易性金融资产的累计损益

该交易性金融资产的累计损益=-6+40+40+80-120+30=64(万元)。

2. (1) 2012年1月2日

借:持有至到期投资——成本	1 000
应收利息	40(1 000×4%)
贷:银行存款	1 012.77

持有至到期投资——利息调整　　　　　　　　　　　　　　　　　　　27.23
　（2）2012年1月5日
　　借:银行存款　　　　　　　　　　　　　　　　　　　　　　　　　　　40
　　　贷:应收利息　　　　　　　　　　　　　　　　　　　　　　　　　　　　40
　（3）2012年12月31日
　　应确认的投资收益=972.77×5%=48.64(万元),"持有至到期投资——利息调整"=48.64−1 000×4%=8.64(万元)。
　　借:应收利息　　　　　　　　　　　　　　　　　　　　　　　　　　　40
　　　持有至到期投资——利息调整　　　　　　　　　　　　　　　　　　8.64
　　　贷:投资收益　　　　　　　　　　　　　　　　　　　　　　　　　48.64
　（4）2013年1月5日
　　借:银行存款　　　　　　　　　　　　　　　　　　　　　　　　　　　40
　　　贷:应收利息　　　　　　　　　　　　　　　　　　　　　　　　　　　40
　（5）2013年12月31日
　　应确认的投资收益=(972.77+8.64)×5%=49.07(万元)
　　"持有至到期投资——利息调整"=49.07−1 000×4%=9.07(万元)
　　借:应收利息　　　　　　　　　　　　　　　　　　　　　　　　　　　40
　　　持有至到期投资——利息调整　9.07
　　贷:投资收益　　　　　　　　　　　　　　　　　　　　　　　　　　49.07
　（6）2014年1月5日
　　借:银行存款　　　　　　　　　　　　　　　　　　　　　　　　　　　40
　　　贷:应收利息　　　　　　　　　　　　　　　　　　　　　　　　　　　40
　（7）2014年12月31日
　　"持有至到期投资——利息调整"=27.23−8.64−9.07=9.52(万元)
　　投资收益=40+9.52=49.52(万元)
　　借:应收利息　　　　　　　　　　　　　　　　　　　　　　　　　　　40
　　　持有至到期投资——利息调整　　　　　　　　　　　　　　　　　　9.52
　　　贷:投资收益　　　　　　　　　　　　　　　　　　　　　　　　　49.52
　（8）2015年1月1日
　　借:银行存款　　　　　　　　　　　　　　　　　　　　　　　　　1 040
　　　贷:持有至到期投资——成本　　　　　　　　　　　　　　　　　　1 000
　　　　　应收利息　　　　　　　　　　　　　　　　　　　　　　　　　　40
　3.（1）编制上述经济业务的会计分录
　　①2012年5月购入时

| 借:可供出售金融资产——成本 | 490 |
| 贷:银行存款 | 490 |

②2012年6月30日
| 借:资本公积——其他资本公积 | 40(490-60×7.5) |
| 贷:可供出售金融资产——公允价值变动 | 40 |

③2012年8月10日宣告分派时
| 借:应收股利 | 12(0.20×60) |
| 贷:投资收益 | 12 |

④2012年8月20日收到股利时
| 借:银行存款 | 12 |
| 贷:应收股利 | 12 |

⑤2012年12月31日
| 借:可供出售金融资产——公允价值变动 | 60(60×8.5-450) |
| 贷:资本公积——其他资本公积 | 60 |

⑥2013年1月3日处置
借:银行存款	515
资本公积——其他资本公积	20
贷:可供出售金融资产——成本	490
可供出售金融资产——公允价值变动	20
投资收益	25

(2)计算该可供出售金融资产的累计损益

该可供出售金融资产的累计损益=12+25=37(万元)。

4.(1)2012年1月1日
借:可供出售金融资产——成本	1 000 000
贷:银行存款	972 200
可供出售金融资产——利息调整	27 800

(2)2012年12月31日

应收利息=1 000 000×3%=30 000(元)

应确认的利息收入=972 200×4%=38 888(元)

2012年12月31日确认减值损失前,该债券的摊余成本=972 200+38 888-30 000=981 088(元)。

应确认减值损失=981 088-10 000×70=281 088(元)

| 借:应收利息 | 30 000 |
| 　可供出售金融资产——利息调整 | 8 888 |

贷:投资收益　　　　　　　　　　　　　　　　　　　　　　　　38 888
　借:资产减值损失　　　　　　　　　　　　　　　　　　　　　　281 088
　　贷:可供出售金融资产——公允价值变动　　　　　　　　　　　281 088
（3）2013年1月1日
　借:银行存款　　　　　　　　　　　　　　　　　　　　　　　　30 000
　　贷:应收利息　　　　　　　　　　　　　　　　　　　　　　　30 000
（4）2013年12月31日
应收利息=1 000 000×3%=30 000(元)
2013年1月1日,该债券的摊余成本=981 088-281 088=700 000(元)
应确认的利息收入=700 000×4%=28 000(元)
减值损失回转前,该债券的摊余成本=700 000+28 000-30 000=698 000(元)
2013年12月31日,该债券的公允价值=900 000(元)
应回转的金额=900 000-698 000=202 000(元)
　借:应收利息　　　　　　　　　　　　　　　　　　　　　　　　30 000
　　贷:投资收益　　　　　　　　　　　　　　　　　　　　　　　28 000
　　　　可供出售金融资产——利息调整　　　　　　　　　　　　　2 000
　借:可供出售金融资产——公允价值变动　　　　　　　　　　　　202 000
　　贷:资产减值损失　　　　　　　　　　　　　　　　　　　　　202 000
（5）2014年1月1日
　借:银行存款　　　　　　　　　　　　　　　　　　　　　　　　30 000
　　贷:应收利息　　　　　　　　　　　　　　　　　　　　　　　30 000
（6）2014年1月10日
　借:银行存款　　　　　　　　　　　　　　　　　　　　　　　　902 000
　　　可供出售金融资产——公允价值变动　　　　　　　　　　　　79 088
　　　　　　　　　　　　——利息调整　　　　　　　　　　　　　20 912
　　贷:可供出售金融资产——成本　　　　　　　　　　　　　　　1 000 000
　　　　投资收益　　　　　　　　　　　　　　　　　　　　　　　2 000

5.（1）如甲公司能够对B公司施加重大影响,则甲公司应进行的会计处理为:
　借:长期股权投资——成本　　　　　　　　　　　　　　　　　　1 000
　　贷:银行存款等　　　　　　　　　　　　　　　　　　　　　　1 000
　注:商誉100万元(1 000-3 000×30%)体现在长期股权投资成本中,不调整长期股权投资成本。
　（2）如甲公司能够对B公司施加重大影响,投资时B公司可辨认净资产的公允价值为3 500万元,则甲公司应进行的处理为:

借:长期股权投资——成本	1 000
贷:银行存款	1 000
借:长期股权投资——成本	50
贷:营业外收入	50

6. (1) 借:长期股权投资——成本　　　　　　　　　　　12 000
　　　　贷:银行存款　　　　　　　　　　　　　　　　10 120
　　　　　　营业外收入　　　　　　　　　　　　　　　1 880
　(2) 借:交易性金额资产——成本　　　　　　　　　　1 560
　　　　　应收股利　　　　　　　　　　　　　　　　　　40
　　　　　投资收益　　　　　　　　　　　　　　　　　　 4
　　　　贷:其他货币资金(或银行存款)　　　　　　　　 1 604
　(3) 借:银行存款　　　　　　　　　　　　　　　　　　40
　　　　贷:应收股利　　　　　　　　　　　　　　　　　40
　(4) 借:公允价值变动损益　　　　　　　　　　　　　　80
　　　　贷:交易性金融资产——公允价值变动　　　　　　80
　(5) 借:银行存款　　　　　　　　　　　　　　　　 1 640
　　　　　交易性金融资产——公允价值变动　　　　　　　80
　　　　贷:交易性金融资产——成本　　　　　　　　　1 560
　　　　　　投资收益　　　　　　　　　　　　　　　　160
　　　借:投资收益　　　　　　　　　　　　　　　　　　80
　　　　贷:公允价值变动损益　　　　　　　　　　　　　80
　(6) 借:长期股权投资——损益调整　　　　　　　　 2 000
　　　　贷:投资收益　　　　　　　　　　　　　　　 2 000
　(7) 借:长期股权投资——其他权益变动　　　　　　　280
　　　　贷:资本公积——其他资本公积　　　　　　　　280

7. (1) 借:长期股权投资——成本　　　　　　　　　　 4 502
　　　　　应收股利　　　　　　　　　　　　　　　　 145
　　　　贷:银行存款　　　　　　　　　　　　　　　 4 647
　(2) 借:银行存款　　　　　　　　　　　　　　　　 145
　　　　贷:应收股利　　　　　　　　　　　　　　　　145
　(3) 借:长期股权投资——损益调整　　　　　　　　　750
　　　　贷:投资收益　　　　　　　　　　　　　　　　750
　(4) 借:应收股利　　　　　　　　　　　　　　　　 116
　　　　贷:长期股权投资——损益调整　　　　　　　　116

(5)借:银行存款　　　　　　　　　　　　　　　　　　　　　116
　　　贷:应收股利　　　　　　　　　　　　　　　　　　　　116
(6)借:银行存款　　　　　　　　　　　　　　　　　　　　　5 200
　　　贷:长期股权投资——成本　　　　　　　　　　　　　　4 502
　　　　　　　　　　——损益调整　　　　　　　　　　　　　634
　　　　　投资收益　　　　　　　　　　　　　　　　　　　　64

第六章　固定资产

一、单选题

1. D　　2. A　　3. C　　4. C　　5. D
6. A　　7. D　　8. C　　9. B　　10. C
11. D　　12. B

二、多选题

1. ABD　　2. ACE　　3. BCDE　　4. BCDE　　5. ABCDE
6. BC　　7. ABCDE　　8. ABCD　　9. BCD

三、判断题

1. √　　2. ×　　3. √　　4. ×　　5. ×
6. ×　　7. √　　8. √

四、计算题

1. 借:固定资产清理　　　　　　　　　　　　　　　　　　　　200
　　累计折旧　　　　　　　　　　　　　　　　　　　　　　　1 000
　　　贷:固定资产　　　　　　　　　　　　　　　　　　　　1 200
　　借:固定资产清理　　　　　　　　　　　　　　　　　　　　2
　　　贷:银行存款　　　　　　　　　　　　　　　　　　　　　2
　　借:银行存款　　　　　　　　　　　　　　　　　　　　　　5
　　　贷:固定资产清理　　　　　　　　　　　　　　　　　　　5
　　　　净损失＝200＋2－5＝197
　　借:营业外支出　　　　　　　　　　　　　　　　　　　　　197
　　　贷:固定资产清理　　　　　　　　　　　　　　　　　　　197
2.(1)设备运到企业,等待安装
　　借:工程物资　　　　　　　　　　　　　　　　　　　　　52 100
　　　　应交税费——应交增值税(进项)　　　　　　　　　　　8 500
　　　贷:银行存款　　　　　　　　　　　　　　　　　　　　60 600

(2)设备投入安装,并支付安装成本
借:在建工程 52 900
　贷:工程物资 52 100
　　　银行存款 800
(3)设备安装完毕,达到预定可使用状态
借:固定资产 52 900
　贷:在建工程 52 900
3.(1)厂房转入扩建
借:在建工程 150 000
　　累计折旧 85 000
　贷:固定资产 235 000
(2)支付扩建支出
借:在建工程 43 000
　贷:银行存款 43 000
(3)残料作价入库
借:原材料 2 000
　贷:在建工程 2 000
(4)固定资产达到使状态
借:固定资产 191 000
　贷:在建工程 191 000
4.借:固定资产 119 900
　　应交税费——应交增值税(进项)19 890
　贷:营业外收入 136 890
　　　银行存款 2 900
5.(1)该项设备的清理净损益=700−350−6 000=−5 650(元)
(2)注销固定资产原值和累计折旧
借:固定资产清理 6 000
　　累计折旧 48 000
　贷:固定资产 54 000
　　　银行存款支付清理费用 350
借:固定资产清理 350
　贷:银行存款 350
　　　取得残值收入 700 入银行
借:银行存款 700

贷：固定资产清理　　　　　　　　　　　　　　　　　　　　　700
　　借：营业外支出　　　　　　　　　　　　　　　　　　　　　5 650
　　　　贷：固定资产清理　　　　　　　　　　　　　　　　　　　　5 650

6.(1)年折旧率 = $\dfrac{1-4\%}{5} \times 100\% = 19.2\%$

月折旧率 = $19.2\% \div 12 \times 100\% = 1.6\%$

年折旧额 = $160\ 000 \times 19.2\% = 30\ 720$(元)

月折旧额 = $30\ 720 \div 12$(或 $160\ 000 \times 1.6\%$) = $2\ 560$(元)

(2)双倍余额递减法

折旧率 = $\dfrac{1}{5} \times 2 \times 100\% = 40\%$

第一年折旧额 = $160\ 000 \times 40\% = 64\ 000$(元)

第二年折旧额 = $(160\ 000 - 64\ 000) \times 40\% = 38\ 400$(元)

第三年折旧额 = $(160\ 000 - 64\ 000 - 38\ 400) \times 40\% = 23\ 040$(元)

第四年折旧额 = $(160\ 000 - 64\ 000 - 38\ 400 - 23\ 040 - 160\ 000 \times 4\%) \div 2 = 14\ 480$(元)

第五年折旧额 = $14\ 480$ 元

(3)年数总和法

第一年折旧率 = $\dfrac{5-1+1}{5(5+1)/2} = \dfrac{5}{15}$

第二年折旧率 = $\dfrac{5-2+1}{5(5+1)/2} = \dfrac{4}{15}$

第三年折旧率 = $\dfrac{5-3+1}{5(5+1)/2} = \dfrac{3}{15}$

第四年折旧率 = $\dfrac{5-4+1}{5(5+1)/2} = \dfrac{2}{15}$

第一年折旧率 = $\dfrac{5-5+1}{5(5+1)/2} = \dfrac{1}{15}$

第一年折旧额 = $(160\ 000 - 5\ 600) \times \dfrac{5}{15} = 51\ 466.70$(元)

第二年折旧率 = $(160\ 000 - 5\ 600) \times \dfrac{4}{15} = 41\ 173.36$(元)

第三年折旧率 = $(160\ 000 - 5\ 600) \times \dfrac{3}{15} = 30\ 880.02$(元)

第四年折旧率 = $(160\ 000 - 5\ 600) \times \dfrac{2}{15} = 20\ 586.68$(元)

第一年折旧率 = $(160\ 000 - 5\ 600) \times \dfrac{1}{15} = 10\ 293.34$(元)

第七章　无形资产

一、单选题

1. D	2. D	3. B	4. A	5. D
6. A	7. B	8. D	9. C	10. B
11. C	12. D	13. B	14. B	15. C
16. A	17. C	18. A	19. C	20. B

二、多选题

1. ABCDE	2. AB	3. BC	4. AB	5. AB
6. ABCD	7. AB	8. AC	9. AB	10. ABCDE
11. BE	12. ABCD	13. ABC	14. ACD	

三、判断题

1. √	2. ×	3. ×	4. ×	5. √
6. ×	7. √	8. ×	9. ×	10. ×
11. √	12. √	13. √	14. √	15. √
16. ×	17. √	18. ×		

四、计算题

1. (1) A公司购买专利权的会计分录

借：无形资产——专利权　　　　　　　　　　　　　　　　　　1 000 000
　　贷：银行存款　　　　　　　　　　　　　　　　　　　　　1 000 000

(2) 年摊销额和有关会计分录

专利权年摊销额 = 1 000 000 ÷ 10 = 100 000(元)

借：管理费用——摊销无形资产　　　　　　　　　　　　　　　　100 000
　　贷：累计摊销——专利权　　　　　　　　　　　　　　　　　100 000

(3) 专利权转让的会计分录

借：银行存款　　　　　　　　　　　　　　　　　　　　　　　　900 000
　　累计摊销——专利权　　　　　　　　　　　　　　　　　　　200 000
　　贷：无形资产——专利权　　　　　　　　　　　　　　　　　1 000 000
　　　　营业外收入——非流动资产处置利得　　　　　　　　　　　55 000
　　　　应交税费——应交营业税　　　　　　　　　　　　　　　　45 000

2. 2010年

①发生研发费用发生时

借：研发支出——费用化支出　　　　　　　　　　　　　　　　　30 000

贷:银行存款	30 000

②期末转销费用化支出时

借:管理费用	30 000
贷:研发支出——费用化支出	30 000

2011 年

①发生研发费用时

借:研发支出——资本化支出	200 000
贷:银行存款	200 000

②发生注册和律师费时

借:研发支出——资本化支出	15 000
贷:银行存款	15 000

③形成无形资产时

借:无形资产——专利权	215 000
贷:研发支出——资本化支出	215 000

第八章　投资性房地产

一、单选题

1. D　　2. B　　3. B　　4. C　　5. D
6. A　　7. D　　8. A　　9. D　　10. A

二、多选题

1. BD　　2. ABD　　3. AB　　4. AB　　5. ABD
6. ABD

三、计算题

1.（1）2006 年 7 月 1 日,自用转为投资性房地产

借:投资性房地产——写字楼(成本)	42 000
累计折旧	5 750
贷:固定资产	46 000
资本公积——其他资本公积	1 750

（2）2006 年 12 月 31 日,确认公允价值变动

借:公允价值变动损益	1 000
贷:投资性房地产——写字楼(公允价值变动)1 000	

（3）2007 年 12 月 31 日,确认公允价值变动

借:投资性房地产——写字楼(公允价值变动)	3 000

贷:公允价值变动损益 3 000
(4)2008 年 6 月 30 日,出售投资性房地产
借:银行存款 　　　　　　　　　　　　　　　　　　　　　　45 000
　　贷:其他业务收入 　　　　　　　　　　　　　　　　　　　45 000
借:其他业务成本 　　　　　　　　　　　　　　　　　　　　　44 000
　　贷:投资性房地产——写字楼(成本) 　　　　　　　　　　　42 000
　　　　投资性房地产——写字楼(公允价值变动) 　　　　　　 2 000
借:公允价值变动损益 　　　　　　　　　　　　　　　　　　　 2 000
　　贷:其他业务成本 　　　　　　　　　　　　　　　　　　　 2 000
借:资本公积-其他资本公积 　　　　　　　　　　　　　　　　　 1 750
　　贷:其他业务成本 　　　　　　　　　　　　　　　　　　　 1 750
2. 如果依照《企业会计准则第 3 号——投资性房地产》,其相关的会计处理如下:
(1)成本模式
①2000 年 12 月 31 日建成时
借:固定资产 　　　　　　　　　　　　　　　　　　　　　 1 800 000
　　贷:在建工程 　　　　　　　　　　　　　　　　　　　 1 800 000
②2001 年摊销折旧
借:管理费用 　　　　　　　　　　　　　　　　　　　　　　 90 000
　　贷:累计折旧 　　　　　　　　　　　　　　　　　　　　 90 000
③2002 年出租时
借:投资性房地产 　　　　　　　　　　　　　　　　　　　 1 710 000
　　累计折旧 　　　　　　　　　　　　　　　　　　　　　 90 000
　　贷:固定资产 　　　　　　　　　　　　　　　　　　　 1 800 000
④2002-2011 年每年摊销折旧
借:管理费用 　　　　　　　　　　　　　　　　　　　　　　 90 000
　　贷:累计折旧 　　　　　　　　　　　　　　　　　　　　 90 000
⑤2005 年安装消防设备直接计入当期费用(此后续支出并不能使流入企业的未来经济利益超过原先的估计)
　　借:管理费用 　　　　　　　　　　　　　　　　　　　　 80 000
　　　　贷:银行存款 　　　　　　　　　　　　　　　　　　 80 000
⑥2012 年收回厂房
此时投资性房地产账面价值=171-9×10=81(万元)
借:固定资产 　　　　　　　　　　　　　　　　　　　　　 810 000
　　累计折旧 　　　　　　　　　　　　　　　　　　　　　 900 000

贷：投资性房地产　　　　　　　　　　　　　　　　　　　　　　　　　　　1 710 000
⑦2012—2020年每年摊销折旧=81÷9=9(万元)
　借：管理费用　90 000
　　贷：累计折旧　90 000
（2）公允价值模式
①2000年12月31日建成时
　借：固定资产　　　　　　　　　　　　　　　　　　　　　　　　　　　　　1 800 000
　　贷：在建工程　　　　　　　　　　　　　　　　　　　　　　　　　　　　 1 800 000
②2001年摊销折旧
　借：管理费用　　　　　　　　　　　　　　　　　　　　　　　　　　　　　　　90 000
　　贷：累计折旧　　　　　　　　　　　　　　　　　　　　　　　　　　　　　　 90 000
③2002年出租时
借：投资性房地产　2 000 000
　　累计折旧　　　　　　　　　　　　　　　　　　　　　　　　　　　　　　　　90 000
　　贷：固定资产　　　　　　　　　　　　　　　　　　　　　　　　　　　　　1 800 000
　　　　资本公积　　　　　　　　　　　　　　　　　　　　　　　　　　　　　　 90 000
④2002—2011年不计提折旧，而应以资产负债表日投资性房地产公允价值为基础，调整其账面价值
⑤2005年安装消防设备直接计入当期费用
　借：管理费用　　　　　　　　　　　　　　　　　　　　　　　　　　　　　　　80 000
　　贷：银行存款　　　　　　　　　　　　　　　　　　　　　　　　　　　　　　 80 000
⑥2012年收回厂房，此时投资性房地产账面价值200万元
　借：固定资产　　　　　　　　　　　　　　　　　　　　　　　　　　　　　　1 350 000
　　　公允价值变动损益　　　　　　　　　　　　　　　　　　　　　　　　　　　650 000
　　贷：投资性房地产　　　　　　　　　　　　　　　　　　　　　　　　　　　2 000 000
⑦假设新车间仍按平均年限法摊销，摊销期限9年，预计无残值。每年摊销折旧分录为
　借：管理费用　　　　　　　　　　　　　　　　　　　　　　　　　　　　　　 150 000
　　贷：累计折旧（135÷9=15万元）　　　　　　　　　　　　　　　　　　　　　 150 000

第九章　资产减值

一、单选题

1. A　　　　2. B　　　　3. C　　　　4. C
5. A

【解析】
①专利权的入账成本=700+80=780(万元)
②2007年专利权的摊销额=(780-30)÷5×6/12=75(万元)
③2008年专利权的摊销额=(780-30)÷5=150(万元)
④2009年专利权的摊销额=(780-30)÷5=150(万元)
⑤2009年末此专利权的账面价值=780-75-150-150=405(万元)
⑥2009年末该专利权的可收回价值为330万元,应计提75万元的减值准备
⑦2010年专利权的摊销额=(330-10)÷2.5=128(万元),尽管当年末专利权的价值有所恢复,但已经计提的减值损失不允许调回
⑧2011年专利权的摊销额=(330-10)÷2.5=128(万元)
⑨2011年末累计摊销额=75+150+150+128+128=631(万元)

6. A
【解析】 该项资产的预计未来现金流量的现值
=100×0.9524+100×0.9070+100×0.8638+100×0.8227=354.59(万元)。
预计资产的未来现金流量,应当以资产的当前状况为基础,不应当包括与将来可能会发生的、尚未作出承诺的重组事项或者与资产改良有关的预计未来现金流量。所以本题应该以改良的情况先进流量为计算依据。

7. C
【解析】 2008年12月31日无形资产应计提的减值准备=(400-400/10)-270=90(万元),2009年12月31日无形资产计提减值准备前的账面价值=270-270÷9=240(万元),可收回金额为255万元,因此当年不需要计提减值准备,已计提的减值准备也不允许转回,2009年末无形资产的账面价值为240万元。

8. A
【解析】 A设备的减值分摊比例为80/(80+100+70)×100%=32%,按照分摊比例,A设备应分摊的减值损失=[(80+100+70)-200]×32%=16(万元);分摊减值损失后的账面价值为64万元,高于A设备的公允价值减去处置费用后的净额50万元,所以A设备应确认16万元的减值损失对于资产的可收回金额是公允价值减去处置费用后的净额与未来现金流量现值的较高者,本题中A设备的公允价值减去处置费用后的净额为50万元,而生产线的可收回金额表示的是整条生产线的未来现金流量的现值【这里题目没有指明,如果指明的话会更便于理解】,由此计算出A设备需要承担的减值金额为16万元,倒挤出A设备未来现金流量的现值为80-16=64,即未来现金流量的现值高于公允价值减去处置费用后的净额,所以A设备的可收回金额为后者,那么发生的减值金额就是16。

二、多选题

1. AB

【解析】 固定资产预计净残值变更的,应当改变固定资产所应计提的折旧额;资产减值准则所规范的资产(包括固定资产)减值损失一经确认,在以后会计期间不得转回。

2. AB

【解析】 选项C,应该按照金融资产准则的有关规定处理;选项D,不需对其计提减值准备。

可供出售金融资产公允价值暂时性不是很显著地高于或者低于其账面价值时:

(1)可供出售金融资产的公允价值高于其账面余额的差额

借:可供出售金融资产——公允价值变动

　　贷:资本公积——其他资本公积

(2)公允价值低于其账面余额的差额,做相反的会计分录。如果确定发生了严重的非暂时性下跌的时候,就需要确定减值损失

(3)确定可供出售金融资产发生减值

借:资产减值损失【按应减记的金额】　(计提减值不用区分权益工具和债务工具)

　　贷:资本公积——其他资本公积【原计入资本公积的累计损失】

　　　　可供出售金融资产——公允价值变动【按其差额】(注意这里不是减值准备)

3. AB

【解析】 企业应该自购买日起按照合理的方法将商誉的账面价值分摊至相关的资产组或资产组组合,因此选项C不正确;某些总部资产,难以按照合理和一致的基础分摊至资产组的,可以认定最小资产组组合,再对其进行减值测试,因此选项D不正确。

三、计算题

1.(1)2008年12月31日资产组账面价值 = (60 - 60/10×5) + (90 - 90/10×5) + (150 - 150/10×5) = 150(万元)。

因XYZ公司估计该生产线的公允价值减去处置费用后的净额为81 = (84 - 3)万元,预计未来:

现金流量的现值为90万元,因此资产组可收回金额为90万元。

该资产组应确认的减值损失 = 150 - 90 = 60(万元)。

将资产组的减值损失分摊至各项设备:

单位:万元

	设备A	设备B	设备C	整条生产线(资产组)
账面价值	30	45	75	150
可收回金额				90
减值损失				60
减值损失分摊比例	20%	30%	50%	100%

	设备 A	设备 B	设备 C	整条生产线（资产组）
分摊减值损失	7.5	18	30	55.5
分摊后的账面价值	22.5	27	45	
尚未分摊的减值损失				4.5
二次分摊比例		37.5%	62.5%	
二次分摊的减值损失		1.69	2.81	4.5
二次分摊后应确认减值损失总额	7.5	19.69	32.81	60
二次分摊后的账面价值	22.5	25.31	42.19	90

（2）会计分录如下
借：资产减值损失 60
　　贷：固定资产减值准备——设备 A　　　　　　　　　　　　　　　7.5
　　　　　　　　　　　　——设备 B　　　　　　　　　　　　　　　19.69
　　　　　　　　　　　　——设备 C　　　　　　　　　　　　　　　32.81

2. 在对各资产组进行减值测试时，首先应当认定与其相关的总部资产。由于 ABC 公司的经营管理活动由总部负责，因此相关的总部资产包括办公大楼和研发中心，考虑到办公大楼的账面价值可以在合理和一致的基础上分摊至各资产组，但是研发中心的账面价值难以在合理和一致的基础上分摊至各相关资产组。因此，对于办公大楼的账面价值，企业应当首先根据各资产组的账面价值和剩余使用年限加权平均计算的账面价值分摊比例进行分摊，具体如下：

单位：万元

	资产组 A	资产组 B	资产组 C	总计
各资产组账面价值	100	150	200	450
各资产组剩余使用寿命	10	20	20	
按使用寿命计算的权重	1	2	2	
加权计算后的账面价值	100	300	400	800
办公大楼分摊比例（各资产组加权计算后的账面价值/各资产组加权平均计算后的账面价值合计）	12.5%	37.5%	50%	100%
办公大楼账面价值分摊到各资产组的金额	19	56	75	150
包括分摊的办公大楼账面价值的各资产组账面价值	119	206	275	600

　　资产组 A、B、C 的可收回金额分别为 199 万元、164 万元和 271 万元，而相应的账面价值（包括分摊的办公大楼账面价值）分别为 119 万元、206 万元和 275 万元，资产组 B 和 C 的可收回金额均低于其账面价值，应当分别确认 42 万元和 4 万元减值损失，并将该减值损失在办公

大楼和资产组之间进行分摊。根据分摊结果,因资产组 B 发生减值损失 42 万元而导致办公大楼减值 11(42×56/206)万元,导致资产组 B 中所包括资产发生减值 31(42×150/206)万元;因资产组 C 发生减值损失 4 万元而导致办公大楼减值 1(4×75/275)万元,导致资产组 C 中所包括资产发生减值 3(4×200/275)万元。经过上述减值测试后,资产组 A、B、C 和办公大楼的账面价值分别为 100 万元、119(150−31)万元、197(200−3)万元和 138(150−11−1)万元,研发中心的账面价值仍为 50 万元,由此包括研发中心在内的最小资产组组合(即 ABC 公司)的账面价值总额为 604(100+119+197+138+50)万元,但其可收回金额为 720 万元,高于其账面价值,因此,企业不必再进一步确认减值损失(包括研发中心的减值损失)。根据以上计算与分析结果,ABC 公司资产组 A 没有发生减值,资产组 B 和 C 发生了减值,应当对其所包括资产分别确认减值损失 31 万元和 3 万元。总部资产中,办公楼发生了减值,应当确认减值损失 12 万元,但是研发中心没有发生减值。

第十章 负债

一、单选题

1. C

【解析】 企业计提短期借款利息时,借记"财务费用",贷记"应付利息";通过银行存款支付短期借款利息时,借记"财务费用"、"应付利息"等科目,贷记"银行存款"科目。

2. D

【解析】 该短期借款是每月末计提利息,季末偿还利息。

1 月和 2 月计提利息时

借:财务费用	500
贷:应付利息	500

3 月份偿还利息时

借:财务费用	500
应付利息	1 000
贷:银行存款	1 500

3. A

【解析】 企业开出并承兑商业汇票时,应按票据的票面金额贷记"应付票据",不是到期值。

4. C

【解析】 应付票据的利息支出属于财务费用,而计提的应计未付的票据利息直接通过"应付票据"科目本身核算,并不像短期借款利息那样,通过"应付利息"科目核算。因此,选项 C 是正确答案。

5. C

【解析】 企业应该支付的金额是票据的到期值＝100+100×6%×6/12＝103(万元)。

6. B

【解析】 20天内付款应享受的现金折扣比例1%,因为不考虑增值税,所以结果应该为100×1%＝1(万元)。

7. B

【解析】 企业不设置"预收账款"科目,将预收的款项应直接计入"应收账款"科目的贷方。

8. B

【解析】 企业从职工工资中代扣代缴职工个人所得税,会计处理为:
借:应付职工薪酬
　　贷:其他应付款

9. D

【解析】 A公司计入"应交税费——应交增值税(进项税额转出)"科目的金额＝1 700+3 400＝5 100(元)。

10. C

【解析】 委托加工的应税消费品收回后准备直接出售的,由受托方代扣代缴的消费税要计入委托加工物资的成本中核算;收回后用于连续生产应税消费品,按规定准予抵扣时,委托方应按代扣代缴的消费税款,借记"应交税费——应交消费税"科目,贷记"应付账款"、"银行存款"等科目,待用委托加工的应税消费品生产出应纳消费税的产品销售时,再交纳消费税。

11. D

【解析】 由受托方代扣代缴的委托加工直接用于对外销售的商品负担的消费税计入委托加工物资的成本;由受托方代扣代缴的委托加工继续用于生产应纳消费税的商品负担的消费税应计入"应交税费——应交消费税"科目的借方;一般纳税企业进口原材料交纳的进口关税应计入原材料成本;小规模纳税企业购进货物交纳的增值税不得作为进项税额抵扣,要计入购进货物的成本。

12. C

【解析】 专利技术属于无形资产,转让无形资产所有权属于营业税的纳税范围,应交纳营业税。

13. A

【解析】 出售该无形资产应交营业税＝400 000×5%＝20 000(元)。

14. C

【解析】 企业出售、报废、毁损的固定资产通过"固定资产清理"科目核算,转入清理的固定资产账面价值、发生的清理费用、应交的营业税计入"固定资产清理"的借方;出售收入和材料、保险赔偿计入"固定资产清理"的贷方。

15. C

【解析】 企业自销产品的应交资源税计入"营业税金及附加",自产自用的计入"生产成本"或"制造费用"。

16. B

【解析】 车辆购置税应计入固定资产成本,印花税、土地使用税应计入管理费用,城市维护建设税应计入营业税金及附加。

17. B

【解析】 印花税、耕地占用税、契税等是不通过应交税费核算的,除此以外的项目都应该计算进来,所以计算如下:1 700+1 300+1+240=3 241(万元)。

18. C

【解析】 该企业应交的城市维护建设税=(40 000+20 000+40 000)×7%=7 000(元)。

19. A

【解析】 其他应付款核算的范围包括:①职工未按期领取的工资;②存入保证金;③应付、暂收所属单位、个人的款项;④经营租入固定资产和包装物的租金;⑤其他应付、暂收款项。

20. C

【解析】 08年期末计入"应付债券——应计利息"科目的金额是600×5%×2=60(万元)。

二、多选题

1. ABC

【解析】 借款计划属于企业正在筹划的未来交易,不构成企业的负债。

2. ABD

【解析】 应付账款一般按应付金额入账,而不按到期应付金额的现值入账。

3. BD

【解析】 按规定,"应交税费——应交增值税"多栏式明细账借方分别设置"进项税额"、"已交税金"等专栏。

4. BCD

【解析】 自制产成品用于职工福利应视同销售,计算增值税的销项税额;而外购的货物发生非正常损失、用于分配给股东,外购的生产用原材料改用于在建工程进项税额不能抵扣,应将增值税进项税额转出。

5. BCD

【解析】 营业税的征税范围包括提供应税劳务、转让无形资产和销售不动产;增值税的征税范围包括销售或进口货物,以及提供的加工、修理修配劳务。因此,正确答案为BCD。

6. AC

【解析】 财产保险费不属于税费,耕地占用税是不通过应交税费核算的。

7. CD

【解析】 固定资产的入账价值中,包括企业为取得固定资产而交纳的契税、耕地占用税、车辆购置税等相关税费;房产税和车船税要计入到管理费用中。

8. ABC

【解析】 管理费用中核算的税金主要有:房产税、土地使用税、车船税、印花税;耕地占用税应计入固定资产成本。

9. ABCD

【解析】 应付职工薪酬包括职工在职期间和离职后提供给职工的全部货币性薪酬和非货币性福利,也包括解除劳务关系给予的补偿。

10. BC

【解析】 增值税不能通过"营业税金及附加"科目核算,城市维护建设税、教育费附加应通过"营业税金及附加"科目核算,矿产资源补偿费应通过"管理费用"科目核算。

11. ACD

【解析】 筹建期间的长期借款利息计入"管理费用";生产经营期间的计入"财务费用";用于购建、改扩建固定资产的,在固定资产尚未达到预定可使用状态前的利息计入"在建工程"。

12. ABC

【解析】 "债券发行时产生的债券折价"和"债券溢价的摊销"应在"应付债券"账户的贷方反映;"期末计提应付债券利息"应在"应付债券"账户的贷方反映;债券的发行费用通过"应付债券——利息调整"科目的借方核算。

三、判断题

1. √

2. ×

【解析】 短期借款在计算利息时涉及利率的选择问题,要考虑实际利率与合同利率的差异大小,不可以随意选择。

3. ×

【解析】 带息票据在发生时一律按面值入账,期末计息时才能增加票据的账面价值。

4. ×

【解析】 企业到期无力偿付的银行承兑汇票,应按其票面金额转入"短期借款"。

5. √

【解析】 按照企业会计准则的规定,企业购入货物尚未支付货款应分别处理。在货物和发票账单同时到达的情况下,应按确定的金额,确认为一笔负债;在货物和发票账单不是同时到达的情况下,期末在资产负债表上按照估计的金额确认为一笔负债。

6. ×

【解析】 企业预收账款业务不多时,可以不设置"预收账款"科目,直接计入"应收账款"科目的贷方科目。

7. √

【解析】 预收账款是指企业按照合同规定,向购货单位预先收取的款项。与应付账款不同,这一负债不是以货币偿付,而是以货物偿付。

8. ×

【解析】 企业在折扣期内付款享受的现金折扣应冲减当期的财务费用。

9. ×

【解析】 应付账款项目金额="应付账款"明细账户贷方余额+"预付账款"明细账户贷方余额。

10. ×

【解析】 应付职工薪酬包括职工在职期间和离职后提供给职工的全部货币性薪酬和非货币性福利,也包括解除劳务关系给予的补偿。

11. ×

【解析】 企业将自产或委托加工的货物用于在建工程非应税项目的,应视同销售计算应交增值税。

12. √

13. ×

【解析】 一般纳税人购入货物或接受劳务在取得规定的凭证后一般均可以抵扣进项税额。若购进货物时即能认定进项税额不能抵扣的,直接将增值税专用发票上注明的增值税额计入购入货物及接受劳务的成本。

14. ×

【解析】 营业税的征税范围包括提供应税劳务、转让无形资产和销售不动产;增值税的征税范围包括销售或进口货物,以及提供的加工、修理修配劳务。

15. ×

【解析】 购入固定资产发生的增值税进项税额不允许抵扣,应计入到固定资产的成本中,印花税、车船税是计入到管理费用中的,因此该项固定资产的入账价值=10 000+1 700=11 700(元)。

16. √

【解析】 企业应付各种赔款、应付租金、应付存入保证金等应在"其他应付款"等科目核算。

四、计算题

1.(1)4月1日取得短期借款时

借:银行存款　　　　　　　　　　　　　　　　　　　　　　　　　200 000

贷:短期借款	200 000

(2)4、5月末计提利息时6

借:财务费用	1 000
贷:应付利息	1 000

(3)6月31日偿付短期借款及利息时

借:财务费用	1 000
应付利息	2 000
短期借款	200 000
贷:银行存款	203 00

2.(1)2006年5月4日购入产品并验收入库时

借:库存商品	250
应交税费——应交增值税(进项税额)	42.5
贷:应付账款	292.5

(2)2006年5月21日支付货款,享受现金折扣

借:应付账款	292.5
贷:财务费用	2.5
银行存款	290

【解析】 购货方购买产品时并不考虑现金折扣,待实际支付货款时将享受的现金折扣冲减财务费用。因此企业购买产品时该应付账款的入账价值为250+42.5=292.5(万元)。

3.(1)预收货款时

借:银行存款	75 000
贷:预收账款	75 000

(2)实际销售时

借:预收账款	75 000
银行存款	42 000
贷:主营业务收入	100 000
应交税费——应交增值税(销项税额)	17 000

4.

借:生产成本	160 000
制造费用	35 000
管理费用	30 200
销售费用	5 800
贷:应付职工薪酬——工资	231 000
借:应付职工薪酬——工资	3 000
贷:应交税费——应交个人所得税	3 000

借：应付职工薪酬——工资　　　　　　　　　　　　　　　228 000
　　贷：银行存款　　　　　　　　　　　　　　　　　　　228 000
5.（1）借：原材料　　　　　　　　　　　　　　　　　　150 000
　　　　　应交税费——应交增值税（进项税额）　　　　 25 500
　　　　贷：银行存款　　　　　　　　　　　　　　　　　175 500
（2）借：银行存款　　　　　　　　　　　　　　　　　　351 000
　　　贷：主营业务收入　　　　　　　　　　　　　　　　300 000
　　　　 应交税费——应交增值税（销项税额）　51 000（300 000×17%）
借：营业税金及附加　　　　　　　　　　　　　　　　　 30 000
　 贷：应交税费——应交消费税　　　　 30 000（300 000×10%）
（3）借：在建工程　　　　　　　　　　　　　　　　　　 70 200
　　　贷：原材料　　　　　　　　　　　　　　　　　　　 60 000
　　　　 应交税费——应交增值税（进项税额转出）　　　 10 200
（4）借：银行存款　　　　　　　　　　　　　　　　　　330 000
　　　贷：无形资产——专利权　　　　　　　　　　　　　270 000
　　　　 应交税费——应交营业税　　　　　16 500（330 000×5%）
　　　　　　　——应交城市维护建设税　　　 1 155（16 500×7%）
　　　　　　　——应交教育费附加　　　　　　 495（16 500×3%）
　　　 营业外收入　　　　　　　　　　　　　　　　　　 41 850
6.（1）2007年1月1日发行债券
借：银行存款　　　　　　　　　　　　　　　　　　　　800 000
　 贷：应付债券——面值　　　　　　　　　　　　　　　800 000
（2）2007年6月30日、12月31日和2008年6月30日均计提利息
借：在建工程　　　　　　　　　　　　　　　　　　　　 20 000
　 贷：应付利息　　　　　　　　　　　　　　　　　　　 20 000
（3）2007年7月1日、2008年1月1日和7月1日支付利息均做如下会计处理
借：应付利息　　　　　　　　　　　　　　　　　　　　 20 000
　 贷：银行存款　　　　　　　　　　　　　　　　　　　 20 000
（4）2008年12月31日计提利息
借：财务费用　　　　　　　　　　　　　　　　　　　　 20 000
　 贷：应付利息　　　　　　　　　　　　　　　　　　　 20 000
（5）2009年1月1日支付利息
借：应付利息　　　　　　　　　　　　　　　　　　　　 20 000
　 贷：银行存款　　　　　　　　　　　　　　　　　　　 20 000

(6)2009年1月1日支付本金

借:应付债券——面值   800 000

 贷:银行存款   800 000

五、综合题

1.(1)购入原材料

借:原材料   1 009 300

 应交税费——应交增值税(进项税额) 170 700(170 000+10 000×7%)

 贷:银行存款   1 180 000(1 000 000+170 000+10 000)

(2)销售商品

借:应收票据   234 000

 贷:主营业务收入   200 000

  应交税费——应交增值税(销项税额)   34 000

(3)在建工程领用生产用库存原材料

借:在建工程   11 700

 贷:原材料   10 000

  应交税费——应交增值税(进项税额转出) 1 700

(4)对外提供劳务

借:银行存款   100 000

 贷:其他业务收入   100 000

计算应交营业税

借:营业税金及附加   5 000

 贷:应交税费——应交营业税   5 000(100 000×5%)

(5)转让无形资产所有权通过营业外收入核算

借:银行存款   100 000

 贷:无形资产   60 000

  应交税费——应交营业税   5 000(100 000×5%)

  营业外收入   35 000

(6)销售产品

借:银行存款   117 000

 贷:主营业务收入   100 000

  应交税费——应交增值税(销项税额)   17 000

借:营业税金及附加   10 000

 贷:应交税费——应交消费税   10 000

借:主营业务成本   80 000

贷:库存商品	80 000

(7)缴纳增值税

借:应交税费——应交增值税(已交税金)	25 000
——未交增值税	5 000
贷:银行存款	30 000

2.(1)9月1日,企业购入工程用原材料

借:工程物资	585 000
贷:应付票据	585 000

(2)9月3日,预收乙公司预付货款

借:银行存款	100 000
贷:预收账款	100 000

(3)9月10日,企业向乙公司发货

借:预收账款	351 000
贷:主营业务收入	300 000
应交税费——应交增值税(销项税额)	51 000

结转成本时

借:主营业务成本	250 000
贷:库存商品	250 000

收到乙公司支付的剩余货款及税金

借:银行存款	251 000
贷:预收账款	251 000

(4)9月15日,企业转让专利权时应交营业税 = 100 000×5% = 5 000(元)

借:银行存款	100 000
无形资产减值准备	60 000
累计摊销	40 000
贷:无形资产	160 000
应交税费——应交营业税	5 000
营业外收入——处置非流动资产利得	35 000

(5)9月28日

分配工资

借:生产成本	300 000
制造费用	160 000
管理费用	40 000
在建工程	20 000

贷:应付职工薪酬 520 000
实际发放工资
借:应付职工薪酬 520 000
    贷:银行存款 520 000
(6)9月30日,计算应付利息=585 000×8%×1/12=3 900(元)
借:财务费用 3 900
    贷:应付票据 3 900

第十一章 所有者权益

一、单选题

1. C

【解析】 实际收到的款项、实际收到款项减去应付证券商的费用计入银行存款。股本按股票面值与股份总数的乘积确认。

2. B

【解析】 企业接受投资者作价投入的材料物资,应按投资各方确认的价值及应当缴纳的税金入账。所以,计入甲企业的实收资本=230 000+39 100=269 100(万元)。

3. D

【解析】 2011年年末分配利润=(54-4)×75%×(1-15%)-10.5=21.38(万元)。

4. C

【解析】 因为实收资本=(100+X)×2÷3=100 X=50,所以资本公积=90-50=40(万元)。

5. D

【解析】 有限责任公司在增资扩股时,新介入的投资者缴纳的出资额大于其按约定比例计算的其在注册资本中所占的份额部分的差额,计入资本公积。

6. C

【解析】 从净利润中提取盈余公积,盈余公积增加,未分配利润减少;向投资者分配股票股利,不改变所有权益总额,用任意盈余公积转增资本,盈余公积减少,实收资本增加;向投资者分配现金股利,所有者权益减少,负债增加。

7. B

【解析】 年初未分配利润借方余额50万元,则意味着亏损50万元,需从本年净利润中弥补亏损。应提取的法定盈余公积的数额=(400-50)×10%=35(万元)。

8. D

9. A

10. D

【解析】 企业实际收到的款项=1 200×3×(1-1%)=3 564(万元)。

二、多选题

1. ABD

【解析】 丁投入非专利技术一项,投资各方确认的价值70万元,占注册资本总额的35%(70÷200×100%),超过20%的比例限制,不符合相关的法律法规的要求。

2. ABC

【解析】 公益金作为企业集体福利的支付,不用来弥补亏损。

3. BCD

4. BC

5. AC

【解析】 当年发生亏损会使所有权益减少;宣告现金股利时,留存收益减少,即所有者权益减少,应付股利增加。

6. CD

【解析】 A、B两项都减少了所有者权益。

7. AD

8. BD

【解析】 可供出售金融资产的公允价值变动计入资本公积,A项不正确;取得可供出售金融资产发生的交易费用会计入可供出售金融资产的成本中,不计入资本公积,C项不正确。

9. BCD

【解析】 留存收益包括未分配利润与盈余公积,选项A不属于留存收益。

10. ABCD

三、判断题

1. ×

【解析】 企业增资扩股时,投资者投入的大于其按约定比例计算的其在注册资本中所占的份额部分,属于资本(股本)溢价,计入"资本公积"科目,而不应该计入"实收资本"。

2. ×

【解析】 企业宣告发放现金股利时,应作为负债和利润分配处理,借记"利润分配",贷记"应付股利"。而股票股利只是企业所有者权益的构成发生此增彼减的变化。

3. ×

【解析】 "利润分配——未分配利润"科目的年末贷方余额,反映企业累积未分配利润的数额。

4. √

【解析】 如接受捐赠也能使企业权益增加,但不是企业的收入。

5. √

6. ×

7. √

8. ×

【解析】 直接计入所有者权益的利得和损失是指不应计入当期损益、会导致所有者权益发生增减变动的、与所有者投入资本或者向所有者分配利润无关(而不是有关)的利得和损失。

9. √

10. ×

【解析】 应转入资本公积。

四、计算题

1. 2011年基本每股收益 = 4 200÷(8 000+1 000×6÷12−400×3÷12) = 0.5(元)

2. (1)①回购

借:库存股　　　　　　　　　　　　　　　　　　　　　　2 700
　贷:银行存款　　　　　　　　　　　　　　　　　　　　　2 700

②注销

借:股本　　　　　　　　　　　　　　　　　　　　　　　3 000
　贷:库存股　　　　　　　　　　　　　　　　　　　　　　2 700
　　资本公积——股本溢价　　　　　　　　　　　　　　　　 300

(2)①回购

借:库存股　　　　　　　　　　　　　　　　　　　　　　4 500
　贷:银行存款　　　　　　　　　　　　　　　　　　　　　4 500

②注销

借:股本　　　　　　　　　　　　　　　　　　　　　　　3 000
　　资本公积——股本溢价　　　　　　　　　　　　　　　 1 500
　贷:库存股　　　　　　　　　　　　　　　　　　　　　　4 500

(3)①回购

借:库存股　　　　　　　　　　　　　　　　　　　　　　12 000
　贷:银行存款　　　　　　　　　　　　　　　　　　　　　12 000

②注销

借:股本　　　　　　　　　　　　　　　　　　　　　　　3 000
　　资本公积——股本溢价　　　　　　　　　　　　　　　 5 000
　　盈余公积　　　　　　　　　　　　　　　　　　　　　 4 000
　贷:库存股　　　　　　　　　　　　　　　　　　　　　　12 000

(注:分录中单位为万元)

3. (1)计算甲公司本期所得税费用,并编制相应的会计分录按税法规定本年度准予扣除的业务招待费为25万元,实际发生业务招待费35万。
甲公司本期所得税费用=[590+(35-25)]×25%=150(万元)
借:所得税 150
　　贷:应交税费——应交所得税 150
(2)编制甲公司提取法定盈余公积的会计分录
甲公司本年的净利润=590-150=440(万元)
提取法定盈余公积=440×10%=44(万元)
借:利润分配——提取法定盈余公积 44
　　贷:盈余公积——法定盈余公积 44
(3)编制甲公司提取任意盈余公积的会计分录
借:利润分配——提取任意盈余公积 10
　　贷:盈余公积——任意盈余公积 10
(4)编制甲公司向投资者宣告分配现金股利的会计分录
借:利润分配 50
　　贷:应付股利 50
(5)计算年末未分配利润
年末未分配利润=120+(590-150-44-10-50)=456(万元)
(注:分录中单位为万元)

4.(1)①2010年5月购入时
借:可供出售金融资产——成本 650
　　贷:银行存款 650
②2010年6月30日
借:资本公积——其他资本公积(650-80×7.5) 50
　　贷:可供出售金融资产——公允价值变动 50
③2010年8月10日宣告分派时
借:应收股利(0.20×80) 16
　　贷:投资收益 16
④2010年8月20日收到股利时
借:银行存款 16
　　贷:应收股利 16
⑤2010年12月31日
借:可供出售金融资产——公允价值变动(80×8.5-600) 80
　　贷:资本公积——其他资本公积 80
⑥2011年1月3日处置时

借:银行存款 705
　　资本公积——其他资本公积 30
　　贷:可供出售金融资产——成本 650
　　　　　　　　　　　　——公允价值变动 30
　　　　　投资收益 25
(注:分录中单位为万元)
(2)计算该可供出售金融资产的累计损益
该可供出售金融资产的累计损益=16+25=41(万元)

5.(1)借:银行存款 1 190
　　　固定资产 260
　　　无形资产 150
　　　贷:实收资本——A 720
　　　　　　　　　——B 480
　　　　　　　　　——C 400

(2)借:利润分配 200
　　　贷:应付股利——A 90
　　　　　　　　　——B 60
　　　　　　　　　——C 50

(3)2011年12月31日D股东出资时产生的资本公积=(200+117)-2 000×10%=117(万元)

(4)借:银行存款 400
　　　原材料 100
　　　应交税费——应交增值税(进项税额) 17
　　　贷:实收资本——A 90
　　　　　　　　　——B 60
　　　　　　　　　——C 50
　　　　　　　　　——D 200
　　　　　资本公积 117

(5)2011年12月31日后各股东的持股比例如下:
A=(720+90)÷2 000×100=40.5%
B=(480+60)÷2 000×100=27%
C=(400+50)÷2 000×100=22.5%
D=10%(或:D=200÷2 000×100%=10%)
(注:分录中单位为万元)

第十二章 费用

一、单选题

1. D

【解析】 出售固定资产发生的净损失计入营业外支出,营业外支出不是日常活动中发生的,所以不属于费用。A 项经营性租出固定资产的折旧额计入其他业务成本中;B 项销售过程中发生的运输费计入销售费用;C 项企业发生的现金折扣计入财务费用。因此正确答案为 D。

2. A

【解析】 房产税和印花税应该计入管理费用,增值税可以抵扣,不计入相关费用。

3. B

【解析】 随同产品出售且单独计价的包装物,应于包装物发出时结转其成本,计入"其他业务成本"科目;随同产品出售不单独计价的包装物,应于包装物发出时结转其成本,并计入"销售费用"科目。

4. A

【解析】 应给予客户的现金折扣=(460−40)×200×1%=840(元),所以应该计入财务费用的金额是 840 元,答案为 A。

5. A

【解析】 商业折扣、现金折扣、销售折让三者的处理中,只有现金折扣在财务费用科目中体现,因此答案应该选 A。

6. C

【解析】 企业专设销售机构发生的费用应计入"销售费用"科目。

7. B

【解析】 企业发生的广告费一律计入"销售费用",超支的部分也应该通过销售费用核算,本题答案应该选 B。

8. C

【解析】 选项 A 固定资产维修费计入到管理费用中;选项 B 聘请中介机构费计入到管理费用中;选项 C 生产车间管理人员工资计入到制造费用中;选项 D 企业发生的现金折扣计入到财务费用中。制造费用属于成本类账户,构成企业产品成本,不属于企业的期间费用,而不直接影响本期损益。因此正确答案为 C。

9. A

【解析】 计提车间管理人员工资费用计入到"制造费用"中;管理部门人员工资计入到"管理费用"中;广告宣传费计入到"销售费用"中;筹集外币资金发生的汇兑损失计入到"财务费用"中;支付固定资产维修费用计入到"管理费用"中。销售费用、管理费用与财务费用属于期间费用,所以答案=30+40+10+15=95(万元)。

10. B

【解析】 库存商品盘亏净损失,属于一般经营损失的部分,计入管理费用;非正常损失的部分计入到营业外支出;向灾区捐赠的商品成本和火灾导致原材料毁损净损失均计入到营业外支出。

11. C

【解析】 选项 C 随同商品出售且单独计价的包装物成本应该计入到其他业务成本。

12. A

【解析】 选项 A 广告费应该计入销售费用核算,其他三项都应该计入管理费用中核算。

13. A

【解析】 选项 B 预计产品质量保证损失计入销售费用;选项 C 生产车间管理人员的工资计入制造费用;选项 D 专设销售机构的固定资产修理费计入销售费用。

14. B

【解析】 自然灾害造成的流动资产净损失应计入营业外支出;筹建期间内发生的开办费应计入管理费用;预提产品质量保证费用计入销售费用;广告费应计入销售费用。

15. A

【解析】 商业折扣不进行账务处理;现金折扣计入财务费用;销售折让冲减主营业务收入。

16. B

【解析】 车间用固定资产折旧与车间管理人员的工资应该通过"制造费用"科目核算,制造费用不属于企业的期间费用,所以不计算在内。支付广告费计入销售费用,预提短期借款的利息计入财务费用,支付的矿产资源补偿费计入管理费用,所以该企业当期的期间费用总额=30+20+10=60(万元)。

17. B

【解析】 企业专设销售机构发生的费用应计入销售费用。

18. A

【解析】 生产车间管理人员的工资应计入制造费用。

二、多选题

1. ACD

【解析】 选项 B 不通过"营业税金及附加"科目核算。

2. BC

【解析】 选项 A 增值税销项税额不影响损益,与营业税金及附加无关;选项 D 支付印花税应计入管理费用。

3. BD

【解析】 选项 A 销售商品发生的商业折扣在销售时即已发生,企业销售实现时,只要按扣除商业折扣后的净额确认销售收入即可,不需作账务处理;结转出租包装物因不能使用而报废的残料价值,借记"原材料"科目,贷记"其他业务成本"科目。

4. CD

【解析】 固定资产报废计入营业外支出;计提的固定资产减值准备应计入资产减值损失。

5. BCD

【解析】 选项 B 应该计入在建工程;选项 C 应该计入其他业务成本;选项 D 应该计入到销售费用。

6. ABCD

【解析】 研究阶段的支出也通过"管理费用"科目核算。

7. BCD

【解析】 选项 A 企业发行股票支付的手续费,如果是溢价发行股票的,应从溢价中抵扣,冲减资本公积——股本溢价,无溢价发行股票或溢价金额不足以抵扣的,应将不足抵扣的部分冲减盈余公积和未分配利润。

8. BCD

【解析】 企业行政管理部门设备折旧费用、行政管理人员工资、技术转让费应计入管理费用。

9. ACD

【解析】 制造费用属于成本类账户,构成企业产品成本,不直接影响本期损益。

10. ABC

【解析】 选项 A 应该计入到管理费用或在建工程;选项 B 应该计入在建工程;选项 C 不做账务处理。

11. ABC

【解析】 企业的其他业务收支主要包括除商品销售以外的原材料销售、包装物出租和出售、技术转让等所取得的收入和发生的相关费用。出售无形资产结转的无形资产的摊余价值应反映在营业外收支中。

12. AC

【解析】 销售不动产应交的营业税影响营业外收支;一般纳税企业销售产品应交的增值税作为销项税额处理。

13. CD

【解析】 咨询费和业务招待费应计入管理费用。

14. ACD

【解析】 在建工程人员的工资及福利费应计入"在建工程",而不应计入"管理费用"。

15. ABCD

【解析】 (1)选项 ABC 属于"产权转移书据";(2)选项 D 属于"权利、许可证照"。

16. ABCD

【解析】 选项 AC 属于"权利许可证照",选项 BD 属于"产权转移书据"。

17. ABC

【解析】 土地使用权出让合同、土地使用权转让合同、商品房销售合同按照产权转移书据征收印花税。

三、判断题

1. ×

【解析】 企业出售原材料应该确认其他业务收入,结转其他业务成本。

2. ×

【解析】 企业为客户提供的现金折扣应在实际发生时计入当期的"财务费用"。

3. √

4. √

【解析】 本期发生的制造费用可能包含在期末存货项目中,此时对本期的损益是不产生影响的。

5. ×

【解析】 企业的期间费用包括管理费用、销售费用和财务费用。制造费用是成本类科目,不属于期间费用。

6. ×

【解析】 企业出售固定资产发生的处置净损失应该计入营业外支出中,不属于日常经营活动发生的,所以不属于企业的费用。

7. ×

【解析】 对于用于固定资产等建造的专门借款,符合资本化条件的应计入"在建工程"中,对于筹建期间发生的不符合资本化条件的借款利息应该计入"管理费用"中。

8. ×

【解析】 本期发生的制造费用可能含在存货中,不一定影响本期损益。

9. ×

【解析】 应冲减当期的主营业务收入。

10. √

四、计算题

1. (1)发生无形资产研究费用最终应该计入"管理费用"。

(2)发生专设销售部门人员工资应该计入"销售费用"。

(3)支付的业务招待费应该计入"管理费用"。

(4)支付的销售产品保险费应该计入"销售费用"。

(5)本月应交纳的城市维护建设税应该计入"营业税金及附加"。

(6)支付本月未计提短期借款利息应该计入"财务费用"。

企业的期间费用包括销售费用、管理费用和财务费用。

该企业3月份发生的期间费用总额=10+25+15+5+0.1=55.1(万元)。

[该题针对"期间费用的计算"知识点进行考核]

2.(1)2010年1月应计提的折旧额和摊销额

①无形资产应该计提的摊销额=120/(10×12)=1(万元)

②设备应该计提的折旧额=(160-10)×5/(15×12)=4.17(万元)

(2)2010年1月计提折旧和摊销的会计分录

①无形资产应该计提的摊销

借:其他业务成本　　　　　　　　　　　　　　　　1

　　贷:累计摊销　　　　　　　　　　　　　　　　　　1

②设备应该计提的折旧

借:销售费用　　4.17

　　贷:累计折旧　　4.17

[该题针对"企业各项费用的核算"知识点进行考核]

3.(1)①借:应收账款　　　　　　　　　　　　　　　4 680 000

　　　　贷:主营业务收入　　　　　　　　　　　　　　4 000 000

　　　　　　应交税费——应交增值税(销项税额)　　　680 000

借:主营业务成本　　　　　　　　　　　　　　　　2 000 000

　　贷:库存商品　　　　　　　　　　　　　　　　　2 000 000

②借:预收账款　　　　　　　　　　　　　　　　　　600 000

　　　银行存款　　　　　　　　　　　　　　　　　　219 000

　　贷:其他业务收入　　　　　　　　　　　　　　　700 000

　　　　应交税费——应交增值税(销项税额)　　　　119 000

借:其他业务成本　　　　　　　　　　　　　　　　500 000

　　贷:原材料　　　　　　　　　　　　　　　　　　500 000

③借:主营业务收入　　　　　　　　　　　　　　　1 600 000

　　　应交税费——应交增值税(销项税额)　　　　　272 000

　　贷:银行存款　　　　　　　　　　　　　　　　1 872 000

借:库存商品　　　　　　　　　　　　　　　　　　800 000

　　贷:主营业务成本　　　　　　　　　　　　　　　800 000

④借:银行存款　　　　　　　　　　　　　　　　　300 000

　　贷:预收账款　　　　　　　　　　　　　　　　　300 000

⑤借:营业税金及附加 52 700
　　贷:应交税费——应交城市维护建设税 36 890
　　　　——应交教育费附加 15 810
(2)2009年10月甲公司发生的费用=2 000 000+500 000-800 000+52 700=1 752 700(元)

[该题针对"企业各项费用的核算"知识点进行考核]

第十三章　收入、利润

一、单选题

1. A　　2. A　　3. B　　4. C　　5. A
6. D　　7. C　　8. C　　9. D　　10. B
11. B　　12. B　　13. D　　14. A　　15. C
16. A　　17. C　　18. C　　19. C　　20. D

二、多选

1. ABD　　2. ABCD　　3. ACD　　4. ABCD　　5. CD
6. AB　　7. AC　　8. AC　　9. ABC　　10. ABCD
11. ABC　　12. ABD　　13. BD　　14. ABCD　　15. AD
16. ABC

三、判断题

1. ×　　2. ×　　3. ×　　4. √　　5. ×
6. ×　　7. ×　　8. √　　9. ×　　10. ×
11. ×　　12. √　　13. √　　14. ×

四、计算题

1.(1)甲公司销售商品时

借:应收账款 2 106 000
　贷:主营业务收入 1 800 000
　　应交税费——应交增值税(销项税额) 306 000

(2)① 乙公司在3月8日付款,享受36 000元的现金折扣(即1 800 000×2%)

借:银行存款 2 070 000
　财务费用 36 000
　贷:应收账款 2 106 000

② 乙公司在3月19日付款,享受18 000元的现金折扣(即1 800 000×1%)

借:银行存款 2 088 000
　财务费用 18 000
　贷:应收账款 2 106 000

③乙公司在 3 月 29 日付款,不能享受现金折扣,应全额付款
借:银行存款　　　　　　　　　　　　　　　　　　　　　2 106 000
　　贷:应收账款　　　　　　　　　　　　　　　　　　　　2 106 000
2.(1)发出商品的会计分录
借:委托代销商品　　　　　　　　　　　　　　　　　　　　175 000
　　贷:库存商品　　　　　　　　　　　　　　　　　　　　175 000
(2)收到代销清单时确认销售收入、增值税、手续费支出,以及结转销售成本的会计分录
借:应收账款　　　　　　　　　　　　　　　　　　　　　　234 000
　　贷:主营业务收入　　　　　　　　　　　　　　　　　　200 000
　　　　应交税费——应交增值税(销项税额)　　　　　　　　34 000
借:销售费用　　　　　　　　　　　　　　　　　　　　　　20 000
　　贷:应收账款　　　　　　　　　　　　　　　　　　　　20 000
借:主营业务成本　　　　　　　　　　　　　　　　　　　　140 000
　　贷:委托代销商品　　　　　　　　　　　　　　　　　　140 000
(3)收到商品代销款的会计分录
借:银行存款　　　　　　　　　　　　　　　　　　　　　　214 000
　　贷:应收账款　　　　　　　　　　　　　　　　　　　　214 000
3.(1)甲企业 2010 年度应交所得税额 = $1\ 000 \times 25\% = 250$(万元)
(2)甲企业 2010 年递延所得税 = $(300-100)-(300-200) = 100$(万元)
(3)甲企业 2010 年度所得税费用 = $250+100 = 350$(万元)
(4)借:所得税费用　　　　　　　　　　　　　　　　　　　350
　　　　递延所得税资产　　　　　　　　　　　　　　　　　100
　　　　贷:应交税费——应交所得税　　　　　　　　　　　250
　　　　　　递延所得税负债　　　　　　　　　　　　　　　200
(5)甲企业 2010 年度实现的净利润 = $900-350 = 550$(万元)
(6)借:本年利润　　　　　　　　　　　　　　　　　　　　350
　　贷:所得税费用　　　　　　　　　　　　　　　　　　　350
4.(1)广告费用:限额 = $(4\ 300+100) \times 15\% = 660$(万元)
应调增的应纳税所得额 = $700-660 = 40$(万元)
(2)业务招待费:$45 \times 60\% = 27$(万元) > $(4\ 300+100) \times 5‰ = 22$(万元)
应调增的应纳税所得额 = $45-22 = 23$(万元)
(3)财务费用:应调增的应纳税所得额 = $20-250 \times 5.8\% = 5.5$(万元)
(4)工会经费限额 = $270 \times 2\% = 5.4$(万元)
应调增的应纳税所得额 = $7.5-5.4 = 2.1$(万元)

职工福利费限额 = 270×14% = 37.8(万元)

应调增的应纳税所得额 = 41-37.8 = 3.2(万元)

职工教育经费限额 = 270×2.5% = 6.75(万元)

应调增的应纳税所得额 = 9-6.75 = 2.25(万元)

(5)公益性捐赠应调增的应纳税所得额 = 75-422.38×12% = 75-50.685 6 = 24.314 4(万元)

第十四章　财务报告

一、单选题

1. B

【解析】　现金流量表示反映企业在一定会计期间现金和现金等价物流入和流出的报表。现金是指企业库存现金以及可以随时用于支付的存款。现金等价物是指企业持有的期限短(一般只从购买日起三个月内到期)、流动性强、易于转换为已知金额现金、价值变动风险小的投资。

2. D

【解析】　以营业利润为基础,加上营业外收入,减去营业外支出,计算得出利润总额。

3. B

【解析】　我国的资产负债表采用账户式。

4. C

【解析】　利润总额 = 营业利润+营业外收入-营业外支出;净利润 = 利润总额-所得税费用。因此,所得税费用不会引起利润总额的增减变化。

5. B

【解析】　"预收账款"项目根据"预收账款"和"应收账款"科目所属各明细科目的期末贷方余额合计数填列。因此,"应收账款"科目所属明细科目如有贷方余额,应在资产负债表的"预收账款"项目中反映。

6. D

【解析】　由于资产负债表反映的是企业某一特定日期的财务状况,因此它是静态的财务报表。

7. B

【解析】　利润表的格式主要有多步式和单步式两种,按照我国《企业会计准则》规定,我国企业的利润表采用多步式。

8. D

【解析】　利润总额-所得税费用 = 净利润。

9. C

【解析】 利润表是反映企业在一定会计期间经营成果的报表,因此,利润表是一个期间报表,编制的根据是各损益类账户的本期发生额。

10. D

【解析】 营业利润=营业收入-营业成本-营业税金及附加-销售费用-管理费用-财务费用-资产减值损失+公允价值变动收益(-公允价值变动损失)+投资收益(-投资损失),因此,营业外收入不会影响营业利润的金额。

11. C

【解析】 资产负债表中的"货币资金"项目,需要根据"库存现金"、"银行存款"、"其他货币资金"三个总账科目的期末余额的合计数填列。

12. D

【解析】 在资产负债表中,资产按照其流动性大小排列。流动性大的资金如"货币资金"、"交易性金融资产"等排在前面,流动性小的资产如"存货"、"无形资产"排列在后面。

13. C

【解析】 "应付账款"项目根据"应付账款"和"预付账款"科目所属各明细科目的期末贷方余额合计数填列。因此,本题中在资产负债表上"应付账款"项目的数额=200 000+300 000=500 000(元)。

14. A

【解析】 利润表是以"收入-费用=利润"这一会计等式作为编制依据的。

15. D　　16. C　　17. C　　18. A　　19. C　　20. C

二、多选题

1. BC

【解析】 选项 A 属于筹资活动,选项 D 属于经营活动。

2. AD

【解析】 利润表中的数据是根据相关账户的本期发生额编制的,它反映的是企业一定期间内的经营成果,属于动态报表。

3. ABCD

【解析】 企业中期财务报表至少应当包括资产负债表、利润表、现金流量表和附注。

4. BCD

【解析】 营业外收入影响利润总额,不影响营业利润,选项 BCD 都影响营业利润的计算。

5. AC

【解析】 选项 A "货币资金"项目需根据"库存现金"、"银行存款"、"其他货币资金"三个总账科目的期末余额的合计数填列;选项 B 是根据明细科目余额计算填列,不符合题意;选项 C "存货"项目,应根据"材料采购"、"原材料"、"周转材料——低值易耗品"、"委托加工物资"、"在途物资"、"发出商品"、"生产成本"等科目的期末余额合计,减去"存货跌价准备"科目期末余额后的金额填列。材料采用计划成本核算,以及库存商品采用计划成本核算或售价核算的企业,还应按加或减"材料成本差异"、"商品进销差价"的金额填列;选项D可直接根据总账科目的期末余额填列,不符合题意。

6. ABCD

7. AD

【解析】 资产负债表中"应收账款"项目应根据"应收账款"和"预收账款"科目所属明细科目的期末借方余额合计数填列。

8. ACD

【解析】 营业利润=营业收入－营业成本－营业税金及附加－销售费用－管理费用－财务费用－资产减值损失+公允价值变动收益(－公允价值变动损失)+投资收益(－投资损失)。

9. ACD

【解析】 预收账款是企业的负债,不是资产,其他三项都是流动资产。

10. BC

【解析】 利润表中的"营业成本"项目是当期"主营业务成本"的发生额与"其他业务成本"的发生额之和。

三、判断题

1. √

2. ×

3. ×

【解析】 "营业成本"还包括企业的其他经营业务的"其他业务成本"。

4. ×

【解析】 企业不可以提前结账。

5. √

6. √

7. ×

【解析】 "货币资金"项目是根据"库存现金"、"银行存款"、"其他货币资金"科目期末余额的合计数填列。

8. ×

【解析】 营业利润=营业收入－营业成本－营业税金及附加－销售费用－管理费用－财务费用－资产减值损失+公允价值变动收益(－公允价值变动损失)+投资收益(－投资损失);利润总额=营业利润+营业外收入－营业外支出;净利润=利润总额－所得税费用。

9. ×

【解析】 资产负债表中的"长期待摊费用"项目应根据"长期待摊费用"科目减去一年内

到期的长期待摊费用后的差额来填列。

10. ×

【解析】 季度、月度财务会计报告至少应该包括资产负债表、利润表、现金流量表和附注。

四、计算题

1. (1) ①借：应收票据　　　　　　　　　　　　　　　　　70.2
　　　　贷：主营业务收入　　　　　　　　　　　　　　　60
　　　　　　应交税费——应交增值税（销项税额）　　　10.2
借：主营业务成本　　　　　　　　　　　　　　　　　45
　　贷：库存商品　　　　　　　　　　　　　　　　　45
②借：银行存款　　　　　　　　　　　　　　　　　　5.85
　　贷：其他业务收入　　　　　　　　　　　　　　　5
　　　　应交税费——应交增值税（销项税额）　　　0.85
　　贷：其他业务成本　　　　　　　　　　　　　　　4
　　贷：原材料——A 材料　　　　　　　　　　　　　4
③借：固定资产清理　　　　　　　　　　　　　　　　8
　　贷：营业外收入　　　　　　　　　　　　　　　　8
④借：管理费用　　　　　　　　　　　　　　　　　　13
　　贷：累计折旧　　　　　　　　　　　　　　　　　5
　　　　累计摊销　　　　　　　　　　　　　　　　　8
⑤借：营业税金及附加　　　　　　　　　　　　　　　3
　　贷：应交税费——应交城市维护建设税　　　　　2
　　　　　　　　——应交教育费附加　　　　　　　1
⑥借：所得税费用　　　　　　　　　　　　　　　　　75
　　贷：应交税费——应交所得税　　　　　　　　　75

(2) 利润表（简表）编制单位：甲公司　　2009 年度　　　　　　　　　　　单位：万元

项目	本期金额
一、营业收入	1 875
减：营业成本	1 454
营业税金及附加	29
销售费用	42
管理费用	51
财务费用	19

项目	本期金额
资产减值损失	——
加:公允价值变动损益	——
投资收益	——
二、营业利润	280
加:营业外收入	98
营业外支出	78
三、利润总额	300
减:所得税费用	75
四、净利润	225

2.(1)①应收账款=账面余额-坏账准备=600-200=400(万元)

②预付款项=150-117+2=35(万元)

③长期股权投资=2 500+2 700=5 200(万元)

④固定资产=(3 000-900-100-200)-300+500=2 000(万元)

⑤应付票据=800(万元)

⑥应付账款=1 050(万元)

⑦应付职工薪酬=250(万元)

⑧长期借款=200(万元)(期初向甲银行借入的300万元,到年底还有9个月到期,所以应该列入一年内到期的非流动负债项目)

(2)上述业务的会计分录

①借:银行存款　　　　　　　　　　　　　　　　　　　　70

　　贷:坏账准备　　　　　　　　　　　　　　　　　　　　70

②借:原材料　　　　　　　　　　　　　　　　　　　　　100

　　　应交税费——应交税费(进项税额)　　　　　　　　　17

　　贷:应付账款　　　　　　　　　　　　　　　　　　　117

③借:在建工程　　　　　　　　　　　　　　　　　　　1 800

　　　累计折旧　　　　　　　　　　　　　　　　　　　1 000

　　　固定资产减值准备　　　　　　　　　　　　　　　　200

　　贷:固定资产　　　　　　　　　　　　　　　　　　3 000

借:在建工程　　　　　　　　　　　　　　　　　　　　500

　　贷:银行存款等　　　　　　　　　　　　　　　　　　500

借:营业外支出等　　　　　　　　　　　　　　　　　　300

　　贷:在建工程　　　　　　　　　　　　　　　　　　　300

借：固定资产	2 000
贷：在建工程	2 000
④借：制造费用	100
贷：累计折旧	100
⑤借：银行存款	200
贷：长期借款	200

年底计提利息

借：财务费用	6
贷：应付利息	6
借：应付利息	6
贷：银行存款	6
⑥借：原材料	500
库存商品	300
贷：其他货币资金	800
借：原材料等	800
贷：应付票据	800
⑦借：管理费用等	250
贷：应付职工薪酬	250
借：应付账款	2
贷：银行存款	2

注意：因为是预付下个月即下年度的月份的租金，要确认预付账款，不确认应付职工薪酬，该题不单独设置预付账款，所以是记入应付账款科目。

⑧应收A公司的款项期末坏账准备应有余额 = 600 - 400 = 200（万元），计提坏账准备前已经有的余额 = 30 + 70 = 100（万元），所以应该补提的坏账准备 = 200 - 100 = 100（万元）。

借：资产减值损失	100
贷：坏账准备	100
⑨借：长期股权投资	2 700
贷：投资收益	2 700

读者反馈表

尊敬的读者：

您好！感谢您多年来对哈尔滨工业大学出版社的支持与厚爱！为了更好地满足您的需要，提供更好的服务，希望您对本书提出宝贵意见，将下表填好后，寄回我社或登录我社网站（http://hitpress.hit.edu.cn）进行填写。谢谢！您可享有的权益：

☆ 免费获得我社的最新图书书目　　☆ 可参加不定期的促销活动
☆ 解答阅读中遇到的问题　　　　　☆ 购买此系列图书可优惠

读者信息

姓名_____　□先生　□女士　年龄_____　学历_____
工作单位_____　职务_____
E-mail_____　邮编_____
通讯地址_____
购书名称_____　购书地点_____

1. 您对本书的评价

内容质量　　□很好　　□较好　　□一般　　□较差
封面设计　　□很好　　　　　　　□一般　　□较差
编排　　　　□利于阅读　　　　　□一般　　□较差
本书定价　　□偏高　　　　　　　□合适　　□偏低

2. 在您获取专业知识和专业信息的主要渠道中，排在前三位的是：
①_____　②_____　③_____
A. 网络　B. 期刊　C. 图书　D. 报纸　E. 电视　F. 会议　G. 内部交流　H. 其他：_____

3. 您认为编写最好的专业图书（国内外）

书名	著作者	出版社	出版日期	定价

4. 您是否愿意与我们合作，参与编写、编译、翻译图书？
_____

5. 您还需要阅读哪些图书？
_____

网址：http://hitpress.hit.edu.cn
技术支持与课件下载：网站课件下载区
服务邮箱　wenbinzh@hit.edu.cn　　duyanwell@163.com
邮购电话　0451-86281013　　0451-86418760
组稿编辑及联系方式　赵文斌（0451-86281226）　杜燕（0451-86281408）
回寄地址：黑龙江省哈尔滨市南岗区复华四道街10号　哈尔滨工业大学出版社
邮编：150006　　传真 0451-86414049